문화적 갈등과 사역

인간관계와 성육신

셔우드 링엔펠터, 마빈 메이어스 지음 | 왕태종 옮김

(주)죠이북스는 그리스도를 대신한 사신으로
문서를 통한 지상명령 성취와 하나님 나라 확장을 위해 노력합니다.

Used by permission ⓒ 1989, 2005 JOY BOOKS Co., Ltd.
1st Floor, 33, Wangsan-ro 19ba-gil, Dongdaemun-gu, Seoul, Republic of Korea
Copyright ⓒ 1989 by Sherwood G. Lingenfelter, Marvin K. Mayers
Originally published in English under the title:
Ministering Cross-Culturally
Published by Baker Book House
Grand Rapids, Michigan 49506, U.S.A
All rights reserved.

Ministering Cross-Culturally

An Incarnational Model for Personal Relationships

BAKER BOOK HOUSE
Grand Rapids, Michigan 49506

머리말 7

1_인간관계를 위한 하나님의 모본 : 성육신 11
2_기본가치의 모델 29
3_시간과 긴장 43
4_판단과 긴장 61
5_위기와 긴장 79
6_목표와 긴장 95
7_자아가치와 긴장 113
8_연약함과 긴장 125
9_150퍼센트의 사람 139

참고 도서 149

머리말

본서는 선교사와 목사, 그리고 평신도들이 다른 문화적, 사회적 배경을 가진 사람들과 사역하려 할 때 경험하게 되는 갈등과 긴장을 주제로 다룬다. 이 주제를 연구하기 위해 채택한 방법은 기본가치의 모델(a model of basic values)이라는 것으로, 그것은 인간 상호 간의 관계에 있어서 긴장의 원인이 되는 개인적이고도 초문화적인 요소들을 지적해서 각 개인으로 하여금 그러한 긴장을 극복하도록 돕는 역할을 한다. 이 모델은 마빈 메이어스(Marvin Mayers)에 의해서 개발되어, 1974년에 그의 「문화와 기독교」(Christianity Confronts Culture)라는 책에 처음으로 발표되었다. 그것은 메이어스가 과테말라에서 위클리프 성경번역선교회(Wycliffe Bible Translators)의 선교사로서, 휘튼대학의 교수로서, 그리고 위클리프 선교회의 초문화 사역 훈련담당으로서 경험한 바를 토대로 만들어낸 것이다. 1974년 이래로 메이어스는 이 모델을 광범위하게 정리해서 기독교 사역에서 잘 적용할 수 있도록 정교하게 발전시켜 왔다.

셔우드 링엔펠터(Sherwood Lingenfelter)는 본서의 주 저자로서, 본서에 수록된 다양한 개인적 회고는 모두 그의 경험담이다. 그는 1975년에 오클라호마의 노르만에 있는 하계언어학연구소(Summer Institute of Linguistics)에서 메이어스와 가깝게 지내면서 기본가치의 모델을 알게 되었다. 태평양에 있는 여러 섬에서 얻은 자신의 폭넓은 경험을 분석하기 위해 이 모델을 이용하면서 링엔펠터는 다음 사실을 발견하였다. 즉 문화인류학자로서 그가 선교현장에서 관찰한 복잡한 사회적 관계들을 설명하는 데 기본가치의 모델이 매우 효과적이라는 것이다. 1975년 이래로 그는 위클리프 성서번역선교회의 다양한 분야에서 번역과 기타 연관사역을 위한 인류학 고문으로 봉사하고 있다. 이와 같은 다양한 업무를 수행함에 있어서, 그는 기본가치의 모델을 이용하여 선교사와 원주민 간의 갈등 및 선교사들 간의 갈등을 이해하려 하였다.

현지사역을 마친 후 링엔펠터는 초문화 사역을 위해 학생들을 준비시키기 위하여 1983년에 바이올라 대학으로 왔다. 그는 기본가치의 모델을 이용하여 학생들이 동질문화권, 혹은 타문화권의 사람들 사이에서 겪게 되는 개인 간의 갈등을 이해할 수 있도록 돕기 위해 기본가치의 모델을 이용했다.

학생들이 매우 열성적인 반응을 보였기 때문에, 그는 이 모델을 바이올라 대학 외에 남부 캘리포니아 여러 교회에도 소개하기 시작했다. 교인들은 이 모델이 남편과 부인 사이에서 발생하는 문제, 교회에서 동역자들 간의 문제 그리고 사회에서 동료들 간에 벌어지는 문제 등을 명료하게 설명하는 데 유용하다는 사실을 발견하였다. 여러 교회에 이 모델을 소개한 것이 성공을 거두게 되자 본서를 집필하려는 생각을 갖게 되었다. 링엔펠터는 모델의 착안에서부터 원고의 비평 및 완성에 이르기까지 메이어스의 도움이 컸기 때문에 메이어스를 공저자로 삼았다.

기본가치의 모델을 이용하려는 주요 목적은, 그리스도인으로서 우리가 성경이 가르치는 바대로 다른 사람들과 관계를 맺을 수 있도록 우리 자신을 준비시키기 위한 것이다. 본서는 다양한 성경적 자료를 조사하고 그것들이 인간관계에 대하여 어떻게 가르치는지 살펴볼 것이다. 그리고 우리가 다양한 문화적 환경에서 타인들과 관계를 맺을 때 일어나는 구체적인 행동 속에서 이러한 성경적 원리들이 어떻게 적용될 수 있는지 살펴볼 것이다. 본서를 저술한 저자의 의도는, 하나님의 창조적 활동의 산물인 인간 개개인은 그들이 속해 있는 사회가 저마다 다른 가치관과 성향을 갖고 있는 것 같이 그들 개개인도 가치와 성향이 매우 상이하다는 것을 밝히려는 것이다. 모든 사회는 자체적으로 갖고 있는 특수한 편견(biases)에 따라 구성원들에게 보상과 처벌을 한다. 그러므로 타국에서 사역을 하도록 부르심을 받은 사람들은 장차 그들이 직면하게 될 문화적 차이점들에 대하여 예리하게 파악하여야 한다. 우리의 바람은 독자들로 하여금 스스로가 갖고 있는 가치편견(value biases)을 인식하도록 도와줌으로써 그들 속에 타인을 향한 더 큰 관심을 갖도록 하려는 것이다. 더 나아가서 우리는 독자들이 그들의 공동체에서 도움을 필요로 하는 사람들과 효과적인 의사소통을 형성할 수 있도록 개인의 생활방식(life style)을 조정해 나갈 것을 권고한다. 책 전체를 통해서 우리가 시도하려는 것은, 성경에서 효과적인 기독교 사역의 원리를 발견해서 그 원리로부터 매일매일의 인간관계에 적용될 수 있는 것들을 이끌어 내려는 것이다.

본서는 초문화 사역에 참여하기 원하는 개개인을 주 대상으로 삼고 있는데, 여기서 초문화 사역이란 자기와는 다른 가치관과 생활방식을 갖고 있는 사람들과 상호접촉하는 사역을 뜻한다. 현재 초문화 사역은 라틴 아메리카, 아프리카, 혹은 아시아 등지에 선교사로 가려는 사람들 뿐 아니라 자국 내의 여러 지방에서 효과적인 전도자가 되려는 사람들까지 포괄하는 것이다. 예를 들어 캘리포니아의 휘티어(Whittier)에 있는 어느 교회 주일학교 성인반의 구성원들을 보면, 아시아나 라틴아메리카로 가는 선교사들과 마찬가지로 초문화 사역에 참여하는 것 같이 보인다. 그 증거로 휘티어에 있는 병원들의 기록만 보더라도 환자들의 모국어가 20여종에 이른다는 것이다. 더욱이 로스엔젤레스는 세계에서 가장 많은 스페인어 사용 인구 밀집지역 중의 하나이다.

    그러므로 초문화 사역은 미국 내의 많은 보통 기독교인들이 참여해야 할 일이다. 미국 전역의 대학과 주일학교에서 사람들은 기본가치의 모델이 자기 나라에 있는 외국인들을 이해하는 데뿐만 아니라 자기들의 전통적인 생활과 인간관계에 내재하는 긴장을 명확히 설명하는데 있어서도 중요한 도구가 된다는 것을 발견하였다. 바이올라 대학에서 눈물을 글썽이며 강의를 들은 어느 젊은 라틴계 여학생은 수 년 동안 자기가 느껴 왔던 것을 우리에게 말해 주었다. 그녀는 어느 누구도 개인적인 가치관과 생활방식을 자신과 함께 나누려 하지 않는 것처럼 보였으므로 자신에게 무엇인가 잘못된 것이 있다고 느꼈다는 것이다. 그녀는 하나님께서 자기와 같은 개인들을 창조하셨고 삶에 대해 그녀가 갖고 있는 개인적인 성향을 다른 많은 문화가 공유한다는 사실을 발견하고는 감격했다.

    우리의 목적은, 독자들이 자신과 이웃에 대하여 더 깊이 이해하도록 도와주고, 그러한 과정에서 그들이 하나님과 깊은 교제를 경험할 수 있도록 하며, 더 풍성히 열매맺는 사랑과 봉사의 삶을 살도록 도와주는 것이다.

1. 인간관계를 위한 하나님의 모본 : 성육신

1967년에 나와 아내 그리고 우리의 두 살 난 딸은 뉴욕 주의 서부를 이륙하여 태평양 군도로 날아갔다. 우리는 괌도에 착륙하여 거기서 며칠을 머문 후에, 마이크로네시아(Micronesia)의 서부 캐롤라인 군도에 있는 얘프(Yap)라는 작은 섬으로 갔다. 미국인들에게 있어서 얘프 섬은 지도의 어느 곳에서도 찾을 수 없는 섬으로, 가장 인접국가인 필리핀에서도 거의 일천육백 킬로미터나 떨어져 있으며, 그 외의 나라들로부터는 거의 모든 방향으로 해상 수천 킬로미터씩 떨어져 있다. 이 섬이 우리가 2년 동안 거주하던 곳이었다.

여기에서 초문화적 생활과 그것에 대한 연구, 그리고 초문화적 관계에 대한 우리의 평생 모험이 시작되었다. 나는 그 당시 대학원생이었으며, 얘프족에 대한 미국의 20년간의 통치가 얘프족과 그 문화에 미친 영향에 관하여 박사학위 논문을 작성하는 중이었다. 따라서 우리의 목적은 나의 논문을 준비하기 위하여 얘프에 살면서 그 문화에 대하여 배우려는 것이었다. 우리는 젊고 이상으로 가득 찼으며, 초문화 선교와 사역을 위한 봉사의 삶에 이러한 학습 경험을 적용하려는 희망을 가지고 있었다.

여러 해가 지난 지금 그 경험을 회고해 볼 때, 우리는 우리 사역의 실패와 성공에 대하여 훨씬 깊이 이해하게 된다. 애프족은 우리에게 그들의 문화에 대해서 가르쳐 주었을 뿐 아니라 우리 자신에 대해서도 많은 것을 알도록 해 주었다. 학습 경험은 종종 매우 고통스러웠고 결코 쉽지 않았지만, 그 수 년 동안의 경험을 통하여 우리는 우리가 누구이며, 어떻게 살 수 있고, 문화적으로 다양한 세계 속에서 다른 사람들과 어떻게 효과적으로 사역할 수 있는가에 대하여 새롭게 인식하게 되었다.

본서의 목적은 우리가 경험한 갈등과 투쟁 등을 나누고, 초문화 생활, 사역 및 선교라는 보다 큰 주제에 대하여 그것들이 갖는 의미를 찾아보려는 데 있다. 따라서 우리는 특정한 개인의 경험을 뛰어넘어, 인간 상호간의 관계를 형성하고 유지하는 문화와 의사소통의 근간이 되는 원리들을 향해 나아가야 한다. 본서는 사람들이 자기 생활과 타인들과의 모든 관계를 정돈하기 위해 사용하는 가치관, 혹은 우선순위에 특별히 초점을 맞춘다. 우리는 기본적인 가치와 관련된 설문서와 사례연구(동일 문화권에 있는 사람과 타문화권에 있는 사람의 기준을 어떻게 정의하며, 때때로 다른 사람과 갈등을 야기시키는 개인적 우선순위를 어떻게 설정하는가에 대한)의 두 가지 방법을 이용하여 연구할 것이다. 갈등은 개성적, 문화적 차이에서만 비롯되는 것은 아니다. 그것은 또한 사람들이 종종 개인의 행동에 대한 우선순위에 대해 도덕적인 힘을 부여하여, 자기와는 다른 생각을 가진 사람들을 결점이 있거나 반항적인 사람, 혹은 부도덕한 사람으로 판단하는 사실에서도 일어난다. 많은 사람들이 공유하는 개인적인 판단은 사회적 판단이 되고, 사회는 개인에게 그 사회의 가치체계를 따르도록 강요한다. 우리의 목적은, 독자들이 이와 같은 갈등에 대한 해결책을 찾도록 돕고, 사회적, 혹은 문화적 경계선을 넘나들며 행동하는 사람들이 그들과는 다른 가치체계에 적응할 수 있고 친숙해질 수 있는 방안을 제시하려는 것이다.

본서의 중심 주제는, 성경이 모든 문화, 모든 사람에게 말하고 있으며, 예수 그리스도가 인간관계와 의사소통에 있어서 하나님의 사랑에 근거한 유일한 예(例)라는 것이다. 예수는 우리와 함께 하시는 하나님(인간이 경험하는 하나님의 사랑의 실재)이시다. 사람들 사이에서 생기는 갈등 상황을 살펴보면서, 우리는 계속 성경으로 돌아가 우리의 동질적인 교회와 사회의 테두리 안팎에서 더 효과적인 인간관계와 사역을 이룰 수 있는 원리를 찾을 것이다. 동시에, 우리는 성경의 진리가 시사하는 바를 충분히 이해할 수 있도록 사회과학과 행동과학에서 얻은 결과도 이용할 것이다. 우선 초문화 경험(cross-cultural experiences)에 초점을 맞춤으로써, 우리는 삶에 대한 우리의 기본 태도(basic assumption)를 검토하게 될 뿐 아니라, 우리의 인간관계에 대한 모든 양상에 대하여도 의문을 제기하게 될 것이다.

예수 : 200퍼센트 사람

1967년에 우리 가족이 얩프섬에 도착했을 때, 우리가 부딪친 첫번째 문제는 어디에 머무느냐는 것이었다. 한 얩프인이 나를 그의 마을로 안내해서 집을 지을 만한 장소 두 곳을 보여 주었다. 한 곳은 외떨어진 해안에 위치했는데, 아름다운 개펄과 산호초를 볼 수 있었고, 다른 한 곳은 여러 채의 집이 밀집되어 있는 중앙이었는데, 그곳은 아이들이 빈 깡

통을 버려서 어지럽고, 어머니와 아이들의 음성과 움직임들로 아침부터 저녁까지 불협화음을 만들어 내는 곳이었다. 어디서 살 것인가? 외딴 해안에 있는 장소는 모든 미국의 중산층 사람들이 남태평양 생활의 환상에서나 보았을 꿈같은 장소였다. 마을에 있는 장소는 미국의 중산층 사람이라면 모두가 피하려고 하는 특성들을 다 갖고 있었다(소음, 쓰레기, 사생활의 결여, 그리고 주변의 낯선 사람들). 내가 자연스럽게 그 해안가를 택하자 안내자는 내게 다음과 같이 조용히 말했다. "만일 당신이 우리말을 배우고 싶다면, 다른 장소가 더 좋을 겁니다." 그의 말은 나의 낭만적인 공상을 깨뜨리고 올바르게 살아가는 방법에 대한 내 개인적인 해석에 도전하였다. 나는 양심의 가책을 느끼면서 그가 옳다고 인정하고 마을에서 살기로 결정했다. 예상했던 대로 그곳은 시끄럽고, 쓰레기가 널려 있었으며, 공개적인 곳이었다. 그러나 절대적으로 옳았다. 왜냐하면 1년 만에 우리는 애프족의 언어를 모두 배웠기 때문이다.

이 마을에서 사는 동안, 나는 사도 요한이 "말씀이 육신이 되어 우리 가운데 거하시매"(요 1:14)라고 기록한 말씀의 뜻을 더 깊이 이해할 수 있었다. 우리는 성육신(하나님 자신이 육신이 되어 인간 가운데 거하심)을 기독교 신앙의 근본 교리로 생각한다. 그러나 우리는 이 성육신이 내포하고 있는 의미가 무엇인지를 거의 묻지 않는다. 하나님이 육신이 되었다는 것은 무엇을 뜻하는가? 어떻게 하나님은 우리 가운데 거하실 계획을 하시고 선택하셨는가? 어떤 방법으로 오셨는가? 우리가 다른 사람들에게로 갈 때, 그분의 본은 우리에게 어떤 의미를 줄 수 있는가?

성육신에 관한 첫번째 중요한 사실은, 예수께서 무기력한 아기가 되어 오셨다는 것이다. 누가복음 2장 7절에, 예수는 마리아의 아기로 태어나서, 강보에 싸여 구유에 뉘어 있었다고 기록되어 있다. 주목할 만한 사실은 하나님께서 완전히 성숙한 어른으로 오시지 않았다는 것이다. 그분은 전문가로 오시지도 않았다. 통치자로 오시지도 않았으며, 왕족이나 우월한 문화권에 태어나시지도 않았다. 그분은 정복당한 속국의 어느 천한 가정에서 태어난 아기셨다.

성육신에 관한 두번째 중요한 사실은, 예수께서 학습자(learner)이셨다는 것이다. 그분은 언어나 문화에 대한 지식을 갖고 태어나시지 않았다. 이런 점에서 그분은 평범한 어린이였다. 그분은 부모에게 말을 배웠으며, 또래들로부터는 놀이를 배웠다. 아버지 요셉에게 목수일을 배웠으며, 그 당시 모든 젊은이들이 했던 똑같은 방법으로 성경 공부를 하고 예배를 드렸다. 누가복음 2장 46절에서 마리아와 요셉이 소년 예수를 성전에서 찾을 때, 그가 율법사들의 말에 귀를 기울이며 질문을 하는 장면을 볼 수 있다. 하나님의 아들이 성전에 앉아서 듣기도 하며 질문도 했다는 것은 매우 의미심장한 기록이다.

예수께서 학습자의 신분을 가졌다는 사실이 사람들에게 이해되거나 적용되기는커녕 거의 논의조차 되지 않는다. 하나님의 아들이 사역을 시작하시기 전 30년 동안 자신이 창조한 사람들의 언어와 문화, 그리고 생활방식을 배우셨다. 그분은 그들의 가정생활과 문제들에 대하여 모두 아셨고, 학습자 혹은 동료로서 그들의 입장에 서셨다. 동네 회당에서 성경을 읽고 공부하는 것을 배우셨고, 사람들이 랍비라고 부를 정도로까지 존경을 받으셨다. 그분은 사람들과 함께 그들의 회당에서 예배드렸고, 예루살렘 성전에서 유월절 예식을 비롯한 여러 절기에도 참석하셨다. 그분은 먼저 인자(人者)라고 부르는 사람들과 완전히 동일하게 되셨다. 누가복음 2장 52절은 그분이 하나님과 사람 모두에게 칭찬을 받으며 자랐다고 말한다.

우리가 지적하고자 하는 점은 예수는 200퍼센트 사람이라는 것이다. 빌립보서 2장 6-7절은 예수가 "본질상 하나님"이라고 말한다. 우리 정통주의 그리스도인들에게 예수는 100퍼센트 하나님이셨으며 지금도 여전히 그런 분이시다. 그러나 바울은 예수가 "종의 형체를 가져 사람들과 같이 되었고 사람의 모양으로 나타나셨다"고 말한다. 그분은 100퍼센트 인간이셨다. 그분은 자신을 사람의 아들이라 말씀하셨고, 그 당시 사람들과 동일시하셨다. 우리의 생각을 한 단계 더 진전시키자. 그분은 또한 100퍼센트 유대인이기도 하셨다. 예수는 단순한 인간 이상이셨다. 그분은 완전한 유대 혈통이셨다. 요한복음 4장에서 사마리아 여인이 그분을 그렇게 인정했고, 그러한 인정을 그분은 액면 그대로 받아들이셨다(대조적으로 사람들이 예수를 왕으로 삼으려고 했을 때 거절하신 것을 주목하라). 제자들은 물론, 심지어 유대 지도자들조차도 때로 예수에게 그가 유대인이라는 것과 그것에 수반되는 문화적 의무 등(손 씻는 예식, 안식일의 준수, 청결하지 않은 사람이나 장소를 피할 것 등)을 상기시켰다. 예수께서 십자가에 못박히셨을 때, 빌라도는 예수의 머리 위에 "유대인의 왕"이라고 새긴 명패를 붙였다. 결국 그분은 100퍼센트 하나님이시자 100퍼센트 유대인, 즉 200퍼센트 사람이셨다.

문화적 상황

문화란, 인류학자들이 사람들의 생활방식의 제반 특징들을 종합해서 일컫는 용어이다. 모든 인간 행동은 특별한 문화, 즉 사회적으로 규정된 상황에서 일어난다. 예를 들어, 미국에서 예배는 어떤 특별한 상황에서 생겨났다. 교회 건물과 좌석배치, 설교단, 찬송, 성경봉독, 설교, 헌금 그리고 기도 등이 모두 그러한 상황에서 나온 산물이다. 예배의 사회적 조직은 목회자, 음악가, 안내인, 가족별 좌석배치 및 활동계획을 포함한다. 만일 사우디아라비아에 간다면, 예배의 상황은 엄청나게 달라질 것이다. 회교사원에는 좌석이나 설교단, 찬송, 성경, 설교 등이 없을 것이다. 신발을 벗는 것, 무릎을 꿇는 것, 부복하는 것, 그리고 기도하는 것 등이 예배의 기본 요소일 것이다. 남녀는 분리되어 있으며, 인도자나 학습은 크게 중요하지 않을 것이다. 여기서 요점은 미국교회에 들어가는 회교도가 거기서 예배라고 행해지는 것을 이해하지 못하리라는 것이다. 심지어 그는 그러한 상황에서 예배가 가능하다는 것을 부인할지도 모른다.

즉 문화는 개념의 틀(conceptual design)이다. 다시 말하면 사람들이 자신들의 삶을 규제하며, 경험을 해석하고, 타인의 행동을 평가하는 정의(definition)인 것이다. 회교도는 남녀가 함께 앉아 있는 것을 보면 그것을 성적 행위로 해석한다. 그는 자신의 문화에서의 자신의 경험과 비교하여 평가한다. 그 사람의 정의에 의하면, 남녀가 함께 있는 것은 그가 예배라고 부르는 상황의 일부분이 될 수 없다. 사회마다 각기 그 사회에만 한정된 특정한 가치와 규칙 및 규정들이 존재하는데, 이러한 특수한 것들이 사회생활의 개념틀, 즉 문화를 형성한다.

그러므로 의사소통에 내포된 의미 또는 암시를 효과적으로 사용하는 것이 필요하다는 것은 너무도 분명하다. 회교도가 사원에 들어가면서 신발을 벗을 때, 그것은 그가 거기에서 예배를 드리려 한다는 암시이다. 문화적 암시(cultural cue)는 사람들이 자기 행동의 의미를 전달할 때 사용하는 특수한 신호(specific signal), 혹은 표시이다. 각각의 문화는 문자 그대로 수천의 암시를 갖고 있어서, 그것들을 사용해서 그에 상응하는 상황의 변화를 지시하고 또 새로운 상황에 적합한 규칙을 따라야 할 필요를 알린다.

얘프섬에서 빈랑나무 열매(betel nut)를 씹으라는 요청은 대화를 시작하자는 암시이다. 이 암시는 미국에서 차를 대접하는 것과 꼭 같은 의미이다. 미국에서는 손님이 가야 한다고 표시함으로써 대화를 끝맺지만, 얘프섬에서는 주인이 손님에게 떠나도 좋다고 말함으로써 대화를 끝맺는다. 그러한 암시의 의미를 파악하지 못할 때 오해가 생기고 혼동을 느끼며 때로는 인간관계에서 갈등을 초래하게 된다.

개인 문화

우리 각 가정에서도 성육신의 목표를 세워 놓고 지켜 나가는 것이 필요한데, 그 이유는 개개인의 생활방식과 기준이 서로 다르기 때문이다. 이러한 개인차는, 저마다 독특한 천성과 성장배경을 가지고 우리 각자는 특수한 사회적 상황과 가정에서 태어났으므로 당연한 것이다. 이러한 상황에서 우리는 사회화되고 우리의 개인적 문화유산(cultural heritage)을 습득한다. 여기서 우리의 목적을 위해서, 문화유산을 "아이들이 의심 없이 받아들이는 초기의 학습"으로 정의한다. 이러한 학습은 일반적으로 아이가 부모와 대화를 할 수 있고 자기 스스로 의식적인 판단을 내릴 수 있기 전부터 이루어진다.

　인간은 태어날 때 완전히 무기력하며 처음 약 6년 동안은 거의 전적으로 타인에게 의존해서 생활한다. 이 기간 동안 아이는 부모와 다른 몇몇 어른들로부터 강한 영향을 받는다. 이 기간 동안 부모는 아이에게 특정한 행동양식과 가치관 및 생활방식을 가르치려 한다. 부모는 보상과 처벌을 통하여 사랑을 주거나 거절한다. 아이의 개인적 기질도 하나의 변수이다. 부모가 특정의 행동양식을 가르치려고 할 때, 아이의 기질은 어느 정도 부모의 가르침에 반대할 것이며, 따라서 그들이 가르치려는 것은 좀처럼 완전히 받아들여지지 않게 된다. 한 가정에 있는 아이들조차도 좀처럼 인생에 대하여 똑같은 관점을 갖지 않으며, 기질이나 가치, 목표 등이 다르다는 것을 대부분의 부모들은 증언한다. 아이들의 개성은 변하고, 거기에다 부모들 역시 시간이 흐름에 따라 그들의 목표와 자녀의 양육방법을 수정한다. 그 결과 각각의 어린이는 부모로부터 독특한 개인적 유산을 물려받고 자라나게 된다.

　더 나아가서 모든 개인은 일생을 통하여 학습과정, 혹은 인류학자들이 말하는 문화화 과정(enculturation)을 겪는다. 각 개인은 이러한 과정을 통하여 사회의 문화적 유산을 습득한다. 아이들에게 있어서 이것은 또래집단의 압력과 또래집단을 통한 사회화(학교와 놀이에서 배우는 것) 등을 포함한다. 이때에 이르면 아이들의 학습은 어른들이나, 또래 아이들과 의식적인 대화를 통해서 이루어지게 되며, 이러한 대화 속에서 받아들이는 것도 있고, 의문이나 갈등도 생겨난다. 부모로부터 더욱 독립적이 되면서 아이는 점점 가족 이외의 사람들로부터 영향을 받는다. 아이는 받아들여야 할 것과 거절해야 할 것을 선택하는 능력을 개발시켜나간다. 이 시점에서 동료집단의 영향력은 아이의 삶에서 중요해진다. 한편 그러한 수용, 혹은 거부를 통해서 아이들은 자신의 세계관과 개인적인 문화를 형성하기 시작한다. 그 후 각 개인은 자신과 비슷한 생각과 관심을 나누는 사람들과 모이고 그렇지 않은 사람들은 피함으로써 자신의 개인적인 선택들을 강화해 간다.

그래서 개개인으로서의 우리의 개인문화는 독특한 것으로, 부모나 다른 사람의 문화와 같지 않다. 오히려 그것은 다음 세 가지가 결합된 산물이라 할 수 있다. (1) 부모와의 사회화 과정을 통하여 습득된 개인의 문화적 유산, (2) 문화화 과정과 사회로부터의 반응(feed back)에 의하여 습득된 문화적 유산, (3) 그러한 영향력을 수용하거나 거부하는 우리의 상호작용. 각 개인은 개인적인 생활방식과 기준들과 가치관을 발전시켜서 그것으로 자신의 생활을 규제하고 조직하게 된다.

공유 문화(shared culture)

우리 모두가 독특한 개성을 가진 사람이라는 사실에도 불구하고, 우리가 주위의 많은 사람들과 공통의 신념과 가치 및 생활방식을 공유한다는 것은 명백한 사실이다. 우리는 그러한 신념을 공유할 뿐만 아니라 강화시키고 우리 아이들에게 우리의 생활방식을 전수한다. 우리가 각각의 사회적 상황에 적용되는 공통의 가치와 우선순위 및 행동기준을 만들어 내는 것은 우리의 개인문화의 공유된 측면이다. 우리는 무기력한 아기 때부터 이런 것들을 배우기 시작하며, 성인이 될 때까지 우리의 인격과 행동은 그것들에 의해 형성된다.

공유된 문화는 우리에게 대단히 가치가 있다. 그것 때문에 우리는 우리가 꿈꾸는 계획을 실제로 이룰 수 있다는 확실한 기대를 가지고 장래를 계획할 수 있다. 우리는 가정과 친구를 만들 수 있으며, 서로에 대한 상호의무를 수행할 수 있다. 다른 사람들과 갈등하는 상황에 놓이게 될 때, 우리가 공유하는 문화의 기준과 절차가 그러한 분쟁을 해결할 수 있는 기법을 제공해 준다. 그리고 그러한 해결책이 항상 만족스러운 것은 아니지만, 그 과정은 우리에게 익숙하고 어느 정도 예측할 수 있는 것이다.

전체적으로 볼 때 우리의 개인문화는 다른 사람들이 우리를 보면서 비슷하다고 하기에 충분한 정도의 공통점을 가지고 있다. 우리가 보기에는 우리들 사이에 많은 차이가 있음에도 불구하고 말이다. 유사점은 제도적 동일성(institutional identity)으로 강화된다. 우리가 한국인이 된 이유는 우리가 똑같기 때문이 아니라 국제 관습이 출생지에 의해 그 사람의 국적을 결정하기 때문이다. 또한 우리의 동일성의 다른 부분들은 우리의 인종, 언어, 우리가 태어났거나 사는 동안 귀속해 있는 집단으로부터도 비롯된다. 우리가 속해 있는 집단이나 제도는 우리에게 그 구성원의 다수가 공유하고 있는 기준에 순응하도록 강요한다. 우리는 이러한 규칙들을 터득해서 그것들이 우리에게 자연스러운 것이 되게 하며 그와 상이한 것들은 자연스럽지 못하고 부당한 것이라 생각한다. 우리 자신의 단체에 속한다는 것은 때때로 다른 단체로부터 소외된다는 것을 의미한다. 기준이 상이한 집단에 속하려고 시도할 때 우리 내부에는 감정적으로 스트레스가 생기고 다른 사람과의 관계에서는 적대감이 발생한다. 이런 이유로 우리들 중 대부분은 우리와 비슷한 기준과 가치를 갖고 있는 사람들로 구성된 집단에만 속하려고 한다.

성육신(우리가 무기력한 아기인 것처럼 배우기를 시작하려는 자발적인 마음)이 초문화 사역에 필수적인 이유는 문화학습과 문화인식의 성격에서 찾을 수 있다. 문화는 항상 학습되며 다른 사람들과 공유된다. 그리고 이러한 과정에서 사람들은 문화적으로 조건지워진 방식으로 서로를 인식하며 반응하기 시작한다. 에드워드 홀(Edward Hall, 1976 : 85)은 이것이 우리에게 매우 유용하다고 제안한다. 왜냐하면 그것 때문에 우리가 중요하지 않은 정보는 걸러 낼 수 있고, 우리가 감정적으로나 지적으로 지나친 부담을 갖게 되는 것으로부터 보호되기 때문이다. 더 나아가서 그것은 우리가 어느 정도 우리 문화권에서 타인의 행동을 예측할 수 있도록 도와준다. 그와 동시에 걸러내는 과정(screening process)으로 인해 우리는 우리와 다른 문화에 대해서는 무지하게 된다. 회교도는 우리의 예배의식을 예배로 받아들일 수 없고, 우리 역시 회교사원에서 하는 그들의 기도를 예배로 받아들일 수 없다. 이러한 문화의 무지함(blindness) 때문에 우리는 다른 환경에서는 비효과적인 의사전달자가 될 뿐만 아니라 의사소통이 잘 안 되는 것을 경험하게 되고, 이 원인은 우리가 아닌 다른 사람들에게 있다고 생각하는 것이다.

우리가 섬기려고 하는 사람들의 문화와 생활에 태어나야(成肉化, incarnate) 하는 이유가 바로 문화적 무지 때문이다. 우리는 어린아이로 시작해서 그들의 삶 한복판에서 성장해야 한다. 우리는 그들의 선생이 되어, 그들에게 위대하신 선생(예수)을 소개하기를 바라기 전에 먼저 학습자가 되어, 그들이 우리를 가르치도록 해야만 한다.

선교사들은 그 사역의 성격상 자기와 매우 다른 사람들과 끊임없이 개인적으로 접촉해야 한다. 그리스도의 성육신의 본을 따른다는 것이 의미하는 바는 철저한 개인적 재교육(personal reorientation)을 겪는다는 것이다. 그들은 새로운 문화적 환경 속에서 완전히 다시 사회화되어야 한다. 그들은 마치 먹고 대화하는 관습에서부터 일하고, 놀고, 예배하는 형태에 이르기까지의 모든 것에 무지한 아이들처럼 문화 속으로 들어가야 한다. 더 나아가서 그들은 그리스도의 정신으로, 즉 죄가 없이 이것을 행해야 한다. 우리들 대부분이 그러한 완전한 재교육을 요구하는 상황에 처하게 되는 것은 아니지만, 성육신의 원리는 우리 가정과 교회생활에 효과적으로 적용될 수 있다.

개인 목록(Personal Inventory)

독자들은 이제 개인적으로 적용할 다양한 문화의 분류표를 만들어야 한다. 혹자는, 예를 들어 100퍼센트 독일인이거나 영국인, 이태리인, 미국인 또는 한국인일지 모른다. 또한 혹자는 100퍼센트 남부인이거나 동부인 혹은 중서부인일지 모르며, 더 구체적으로 아리조나인, 캘리포니아인, 혹은 뉴욕인으로 분류될 수 있을 것이다. 신학적으로 혹자는 복음주의자이거나 근본주의자 혹은 자유주의자일지 모르며, 교파적으로는 침례교나 장로교, 루터교, 형제교(Brethren), 또한 자유교회(Free Church)에 속할는지도 모른다.

내가 애프섬에 도착했을 때 나는 펜실베니아 태생의 "목사 아들"로서 선량한 학생이었고, 버지니아에서는 흑인 급우들과 함께 찰스 디킨스와 멘델스존의 〈엘리야〉를 좋아했으며, 휘튼 대학에서는 "용감한 아들"이었고, "정숙한 처녀"와 결혼을 한 상태였다. 나는 훌륭한 기독교 교육을 받았고, 그레이스 형제교회의 장로로 피택되었으며, 피츠버그 대학에서 세계적으로 유명한 인류학자들에게 교육을 받았다. 나는 오직 한가지만이 부족한 100퍼센트 중산층의 복음주의적 미국인이었다. 그 한가지란 내가 애프인이 아니었다는 것이다!

우리가 타문화권으로 들어갈 때 어떤 종류의 사람이 되어야 할 것인가? 우리는 성경에서 직접적인 교훈을 발견할 수 있다. 빌립보서 2장 5절에서 바울은 "너희 안에 이 마음을 품으라 곧 그리스도 예수의 마음이니"라고 말씀한다. 베드로전서 2장 21절은 "그리스도는 너희를 위하여 고난을 받으사 너희에게 본을 끼쳐 그 자취를 따라오게 하려 하셨느니라"고 말씀하신다. 만일 그리스도께서 본을 보이셨다면, 예수께서 유대인이 되시려고 노력하신 만큼 애프인이 되려고 애를 쓰는 것은 내 책임이라는 것이 분명해진다. 예수께서는 지상명령을 통해서 우리를 온 세상으로 보내신다. 우리는 그분의 전달자로서 그분이 보여 주신 본을 따라야 한다. 즉 우리는 우리가 보내심을 받은 문화 속에 성육화되어야 한다.

세계를 품은 그리스도인 : 150퍼센트 사람

본서가 주는 도전은 맬콤 맥피(Malcom McFee : 1968)가 말한 150퍼센트 사람이 되라는 것이다. 맥피는 북아메리카 인디언의 한 종족인 "검은발 인디언"(Blackfoot Indians)이 백인 문화화(acculturated)된 사실을 설명하기 위해서 이 개념을 사용했다. 그는 주장하기를, 그들은 여전히 75퍼센트는 전통적 인디언이지만 75퍼센트는 백인이 될 정도로, 거대한 미국문화에 적응하면서 그 문화에 순응하는 것을 배웠다는 것이다. 이 사람들을 그는 150퍼센트 사람이라고 부른다. 이 인디언들처럼 우리는 결코 다른 문화에서 100퍼센트 내부인(insider)이 될 수는 없다. 그것이 가능할 수 있는 유일한 방법은 예수께서 행하신 것 같이, 그 문화권에서 태어나서 그 속에서 우리의 전 일생을 보내는 것이다. 그러나 우리에게 가능한 것은 그분의 본을 따르는 것, 즉 바울이 에베소서 5장 11절에서 명령한 것처럼 우리가 사역하기 원하는 곳에서 "하나님을 본받는 자"가 되는 것과 "사랑 가운데서 행하는 것"(5:2)이다. 우리의 목표는 현재의 우리 모습 이상의 사람이 되어야 한다는 것이다. 나에게 있어서 그것은 최소한 부분적인 애프인이 되는 것이었다. 비록 그것이 100퍼센트 자국인이 되지 못하는 것이라 하더라도 말이다.

150퍼센트 사람이 되라는 것은 평범한 도전이 아니다. 어떤 사람에게 그의 국적 혹은 사회적, 종교적 신분을 버리라고 말한다면 그것은 모욕이 될 것이다. 우리의 생활방식은 종종 경건하다고 생각되므로 우리는 그 생활방식이 옳다고 단호하게 옹호한다. 우리는, "근본 하나님의 본체"이시지만 그러한 신분을 고수하지 않으시고, 유대인이 되셨을 뿐 아니라 유대인의 종이 되신 그리스도께서 보여 주신 본을 쉽게 잊어버린다(빌 2:6-7). 우리는 우리가 섬기는 사람들을 사랑하되 아이처럼 그들이 문화권에 기꺼이 들어가고, 그들이 말하는 것처럼 말하기를 배우며, 그들이 노는 것처럼 놀고, 그들이 먹는 것처럼 먹고, 그들이 자는 곳에서 자고, 그들이 공부하는 것을 공부하려고 할 정도로 사랑하여야 한다. 그래서 그들의 존경과 칭찬을 얻을 수 있어야 한다.

50퍼센트 애프인이 된 흥분은 내 일생에 있어서 절정 중의 하나였다. 나는 애프 언어를 사용해서 처음으로 완전한 대화를 했을 때의 그 환희와, 자신들의 개인 소유물을 나누는 그들 풍습을 알았을 때 느낀 깊은 감동을 결코 잊을 수 없다. 나는 또한 내가 애프인들에게 불필요하거나 부담이 되는 것은 아닌가 하고 느꼈을 때 가졌던 불안감과 나의 설교가 너무 형편없어서 그들이 듣고 싶지 않아 하는 듯이 보일 때 느낀 고립감과 좌절, 그리고 하찮은 대화에 시간을 보내고 있다고 생각했을 때 느꼈던 지루함 등을 기억한다. 여기에서 주는 교훈은 다른 문화권에 성육화된다는 것은 불같은 시험, 즉 내적인 힘과 개인적 믿음의 시험, 무엇보다도 사랑의 진실성의 시험이 되리라는 것이다. 잠시 동안 자기 문화를 포기하고 어린아이처럼 배우기를 시작할 준비가 되어 있지 않은 사람은 초문화 사역에의 도전을 받아들일 준비가 되어 있지 않은 사람이다.

그리스도의 본을 따르려 한다면, 우리는 성육신을 목표로 살아야 한다. 예수는 "아무든지 나를 따라 오려거든 자기를 부인하고"(마 16:24)라고 말씀하신다. 우리는 우리 나름대로의 기독교 생활방식을 기꺼이 포기하고, 우리가 섬기도록 보내심을 받은 이들의 발 앞에서 아이처럼 배우기를 시작해야 한다. 우리는 기꺼이 세계를 품은 그리스도인(World Christian)이 되어야 한다. 이 도전은 우리를 뒤흔들고, 그 과정에서 생기는 변화는 우리를 힘들게 할 것이다. 우리의 몸은 병들고 마음은 지칠 수도 있으며, 환희의 감정이 침울한 마음으로 변할 수도 있을 것이다. 그러나 그리스도의 사랑이 우리를 지켜서 "여러 사람에게 여러 모양이 된 것은 아무쪼록 몇몇 사람들을 구원코자 함이니 내가 복음을 위하여 모든 것을 행함은 복음에 참예하고자 함이라"(고전 9:22-23)고 고백한 바울처럼 되게 할 것이다.

2. 기본가치의 모델

성육신 과정(The process of incarnation)의 첫걸음은 언어를 배우는 것이다. 대부분의 선교사에게 있어서 제2의 언어를 배운다는 것은 어렵고도 많은 시간을 요하는 도전이다. 언어학습이 대개 선교기간의 첫해를 차지하지만, 그것은 단지 언어학습과정의 시작일 뿐이다. 일반적으로 2-3년이 더 지나야 유창하게 말하게 된다.

많은 사람들이 어떤 언어를 다 배우면 그 문화까지도 다 알았다고 잘못 생각한다. 비극적인 것은 그들이 이러한 잘못된 개념을 가지고 행동하기 때문에 에드워드 홀(Edward Hall)이 소리 없는 말(silent language of culture)이라고 부르는 것을 결코 배우지 못한다는 것이다. 그는 언어가 모든 문화에서 발견되는 열 개의 기본적인 전달체계 중의 하나에 불과하다고 말한다(1973 : 38-59). 나머지 아홉 개는 시간(temporality, 일상적인 일과 일정에 대한 태도), 영역(territoriality, 공간, 재산), 개발(exploitation, 자원의 분배와 사용과 통제의 방법), 연합(association, 가족, 친척, 공동체), 생계(subsistence, 노동, 분업), 양성(bisexuality, 언어, 의복, 행위의 다양한 양상), 학습(learning, 관찰, 분류, 교수), 놀이(play, 게임, 유머), 그리고 방어(defense, 보건 절차, 사회적 갈등, 신념)

이다. 각 전달체계는 상호관계와 의사소통을 지배하는 각각의 규칙들을 갖고 있으며 또한 배워야만 하는 각각의 구조와 방식, 그리고 다양성(variations)을 갖는다. 따라서 언어를 아는 것은 완전한 생활방식과 문화에 대해 배울 수 있는 것의 약 10분의 1에 불과한 것이라고 결론지을 수 있다.

더욱이 언어 자체는 우리를 둘러싸고 있는 세계를 대단히 단순화시킨 것이다. 예를 들면 "의자"에 대해서 말할 때, 우리는 마음속에 이미 무엇을 상상한다. 하나의 어휘는 대단히 많은 다른 의미를 내포한다. 우리 경험의 의자는 '붉은', '노란', '접는', '철제의', '목재의', '플라스틱제의', '경사진' 및 '흔들거리는' 등과 같은 수식어의 사용에 의해 동일시될 수 있다. 그러므로 언어는 특별한 실체나 경험을 전달하는 것이 아니라 단지 우리가 경험하는 것의 개념적 모델(conceptual model)만을 전달할 뿐이다.

문화를 이해하기 위한 모델

본서의 목적은, 우리 자신과 우리와 접촉하는 사람들의 가치관 혹은 우선순위 등을 이해하게 해 줄 개념적 모델을 사용함으로써 인간상호관계에서 겪는 경험 등을 검토해 보려는 것이다. 우리가 모델에 대해 말할 때, 실체에 가까운 무엇인가에 대해 이야기하고 있다는 것을 이해하는 것은 중요하다. 비행기의 모델이 비행기는 아니며, 집의 모델이 집은 아니다. 여기에 제시된 가치들의 모델은 우선순위에 대한 근사적 표현(approximate representation of priorities)이다. 즉 그것이 경험에 대한 결정적 표현은 아니다. 개인의 경험에 있어서 무엇이 더 중요하며, 무엇이 덜 중요한지를 구분하는 이러한 우선순위(priorities)는 사람마다 독특하거나 공유되기도 하면서 그 집단의 문화적 가치관을 반영한다는 것을 유의해야 한다.

우리의 기본적인 가치 모델에는 12개의 주요 요소가 있는데, 이것은 마빈 메이어스(Marvin Mayers)가 처음으로 제안한 것이다(1974). 이 요소들은 6쌍의 대조되는 특성으로 짝지워져 있는데, 예를 들면, 시간에 관한 관심과 사건에 관한 관심으로 표시된다. 각 쌍은 연속선상에서 양 끝점으로 표시되거나 아니면 보다 복잡한 행렬 상에서 구획된 점으로 표시될 것이다. 나머지 장에서는 우선 각각의 기본 가치들이 갖는 특징들을 조사하고, 그 후에 사람들이나 문화가 하나 혹은 다수의 우선순위를 사회활동에서 실현하려 할 때 발생하는 긴장의 양상들을 살펴볼 것이다.

기본가치의 모델 역시 언어와 마찬가지로 우리의 실제 경험을 과도하게 단순화한 것이다. 그러나 동시에 그것은, 우리가 "의자"에 관하여 이야기할 때 그것을 침상이나, 비행기, 혹은 그 외 다른 형상을 의미하는 대상물로부터 구분짓는 것과 마찬가지로 어떤 실재(reality)에 관하여 우리가 이해할 수 있도록 도와 줄 것이다. 동일한 언어를 사용하는 사람들이 서로의 이야기를 대체로 잘 이해할 수 있는 것과 같이, 우리는 이 모델을 통해서 경험에 관한 본질적인 것들에 관하여 잘 나눌 수 있을 것이다.

이 모델에서 얻은 결과를 어떻게 개인의 생활과 사회에 적용시킬 수 있는지에 관하여 잘 파악할 수 있도록 돕기 위하여, 독자들이 자신의 개인적인 평가를 해 보도록 권한다. 그 절차를 밟는데 도움이 될 수 있도록 설문을 첨부하였다. 본서를 계속 읽어 나가기 전에 먼저 이 설문지를 완성한다면 많은 도움이 될 것이다. 이 방법은 아마도 자신의 실제 평가를 자신의 기대치로 기울어지게 하는 유혹을 적게 할 것이다.

설문

다음 사항이 당신의 생활방식이나 사고에 어느 정도 관계가 있는지 생각해 보라. 그 내용이 당신과 전혀 관계가 없다면 빈칸에 1 이라고 쓰고, 매우 비슷하다면 7 이라고 쓰라. 약간 해당이 된다면 4 라고 쓰고, 별로 관계가 없다면 2 또는 3을 쓰고, 상당히 관계가 있다면 5 또는 6 이라고 쓰라. 1부터 7까지 어느 숫자나 쓸 수 있다.

___1. 나는 큰 회사에서 일하는 것에 대해 만족을 느끼지 못할 것이다. 왜냐하면, 내가 전체적인 청사진을 전혀 본 적이 없었기 때문이다.

___2. 나는 사람들을 찾아 무슨 화제로든지 이야기하기를 즐긴다.

___3. 나는 목표를 세우기를 두려워하는데, 그 이유는 목표를 달성하지 못할지도 모른다는 생각 때문이다.

___4. 나의 자아상을 결정하는데 있어, 나 자신이 나를 어떻게 평가하는가

가 다른 사람이 나를 어떻게 평가하는가보다 중요하다.

___5. 나는 장래에 대하여 많이 생각하는 편이 아니다. 나는 그저 어떤 일이 생길 때마다 그때그때 대처하기를 좋아한다.

___6. 나는 매사에 옳고 그름의 구별이 뚜렷이 있다고 생각한다. "중간영역"에 대하여 토론하는 것은 진리를 타협하는 것 같아 불안하다.

___7. 결정을 내릴 때 꼭 한 가지만이 올바른 결정이라고 생각하지 않는다.

___8. 목표를 일단 정하면 그 결과로 나의 다른 영역에 지장이 있어도 나는 그 목표를 위해 정진한다.

___9. 나는 항상 남보다 먼저 새로운 것을 시도하는 사람 중의 하나이다.

___10. 나는 나와 비슷한 사회적 지위에 있는 사람들만 사귀려고 하는 경향이 있다.

___11. 나는 시간을 매우 부족한 것이라고 생각하며 소중히 여긴다.

___12. 내 차를 수리해야 할 필요가 있다면 자동차 정비소에서 일하는 옆집 사람에게 부탁하기보다는, 판매 대리점에 의뢰하겠다. 아무래도 전문가가 더 잘할 것이기 때문이다.

___13. 나는 청중 앞에서 무엇을 하는 것을 좋아한다. 더 잘할 수 있도록 나를 자극하기 때문이다.

___14. 차를 살 경우, 친구나 가족의 의견 못지않게 "소비자 보고서"에 유의한다.

___15. 내 책상이나 사무실은 매우 잘 정돈되어 있다. 각각 놓여질 자리가 있고 항상 물건이 그 자리에 놓여 있다.

___16. 내게 중요한 문제들에 대한 해결책을 얻기 위해 나는 전문서적을 읽거나 전문가의 강의를 듣는다.

___17. 비록 다른 도시로 이사해야 한다는 조건이지만 승진의 기회가 주어지면 나는 가족이나 교우관계 때문에 망설이지 않고 이사갈 것이다.

___18. 나보다 직업상이나 사회적으로 지위가 월등히 높은 사람들과 대하는 것이 힘들게 느껴진다.

___19. 나는 항상 시계를 차고 다니며 무슨 일에나 시간을 지키기 위하여 시계를 자주 본다.

___20. 사람들이 나를 융통성 없는 사람같이 취급하면 나는 매우 좌절감을 느낀다.

___21. 나는 생길지도 모르는 문제들에 대해 염려하지 않는 편이다. 일에 착수하기 전 문제가 생길 때까지 기다렸다가 나는 행동한다.

___22. 줄을 서서 기다릴 때면, 나는 모르는 사람과 이야기를 시작하는 경향이 있다.

___23. 지각은 질색이다. 지각하기보다는 차라리 불참한다.

___24. 어떤 특별행사가 생기면 나는 다른 계획을 변경시켜서라도 꼭 간다.

___25. 나는 앉아 매일 그 날의 계획을 짜며, 계획대로 수행하지 못하면 화가 난다.

___26. 나는 토론할 때 모든 사람의 이야기를 듣기 전에는 어느 누구의 편도 들지 않는다.

___27. 나는 "목적이 수단을 정당화 한다"는 말에 동의한다.

___28. 나는 종종 판에 박힌 일에서 벗어나 전혀 다른 일을 함으로써 생활을 흥미진진하게 유지하기를 즐긴다.

___29. 어떤 일을 맡으면, 다른 일을 늦게 처리하는 일이 있더라도 그것을 끝낼 때까지 계속한다.

___30. 단골 음식점에 가는 경우, 내가 주문하는 음식은 정해져 있다.

___31. 비가 올 것 같아도 친구의 저녁식사 초대에 응하며, 폭우에 망가진 지붕 수리 때문에 못 간다고 거절하지 않는 편이다.

___32. 비록 그들이 틀렸다 생각되더라도 나는 항상 상관이나 목사님, 선생님 등의 권위에 순종한다.

___33. 우리는 표준말이 있으며, 모든 한국인은 표준어를 써야 한다고 생각한다.

___34. 음식을 더 맛있게 요리하기 위하여 나는 요리책에 있는 조리법을 바꾸어 보곤 한다.

___35. 내 의견이 틀렸다 생각되어도 한번 논쟁을 시작했으면 끝까지 우긴다.

___36. 나는 과거에 성취했던 일들은 크게 중시하지 않는다. 매일매일 무엇인가 이루어가야 한다고 생각한다.

___37. 새로 일을 시작할 경우 동료에게 나의 능력을 보여주기 위해 더 열심히 일한다.

___38. 나는 사람을 소개할 때 거의 언제나 직업과 직책을 언급한다.

___39. 나는 문제가 생기면 다른 사람들과 나누고 조언을 구한다.

___40. 나는 잘하지 못하는 게임에는 참석을 하지 않는다.

___41. 심부름으로 급하게 가는 길이라도 친구와 이야기하기 위하여 잠시 멈출 수 있을 것이다.

___42. 나는 내년과 다음 5년간 이루고자 하는 일들을 구체적으로 계획해 놓았다.

___43. 나는 여러 가지 일을 벌여놓기를 좋아한다. 그러면 언제든지 할 일에 대한 선택의 여지가 있기 때문이다.

___44. 중요한 물건을 살 때 나는 이것저것 고르기보다는 제일 먼저 마음에 든 것을 산다.

___45. 예술품을 보면 나는 그 예술가의 생각과 의도를 이해하려 힘쓴다.

___46. 나는 확실한 결론에 도달할 수 없는 주제에 관하여 토론할 때면 불편함을 느낀다.

___47. 시간표에 맞춰 일하는 것보다는 일이 생길 때마다 그때그때 일하는 것을 더 좋아한다.

___48. 모임을 인도할 때 나는 항상 정각에 시작하고 끝내기를 힘쓴다.

분석

당신 개인의 평가를 내리기 위하여, 설문서에 있는 각각의 항목에 대한 당신의 점수를 아래 표시하라. 예를 들어서 항목 (1)에 대한 당신의 점수가 5였다면 "전체적 사고란"의 첫째 칸에 5를 써넣으라. 그리고 각 난에 있는 5개의 숫자를 더해서 총합을 5로 나누면, 각 특성에 대한 당신의 평균점수를 얻게 된다.

개인 평가(personal profile)

각 성향에 대한 당신의 평균점수를 각각의 축에서 찾아보라. 그러고 나서 두 개의 평균점수가 만나는 점을 좌표 상에 표시하라. 이 점이 당신의 기본성향을 가리킨다.

기본적인 특성들에 대한 당신의 평가는 자신의 문화 내에서 각 개인의 행동 이면에 있는 동기를 근사적으로 나타내 주는 것이다. 한 사람의 개인평가를 다른 사람의 것과 비교해 보는 것도 유익할 것이다. 행렬형

					총점	평균
1. 시간중심	11	19	23	25	48	
2. 행사중심	5	24	29	31	47	
3. 분석적 사고	6	11	15	33	46	
4. 전체적 사고	1	5	20	26	45	
5. 위기중심	6	12	16	30	44	
6. 비위기중심	7	9	21	34	43	
7. 업무중심	8	12	17	27	42	
8. 사람중심	2	13	22	31	41	
9. 신분중심	10	18	32	33	38	
10. 업적중심	4	14	20	36	37	
11. 약점은폐	3	23	32	35	40	
12. 약점노출	9	13	28	34	39	

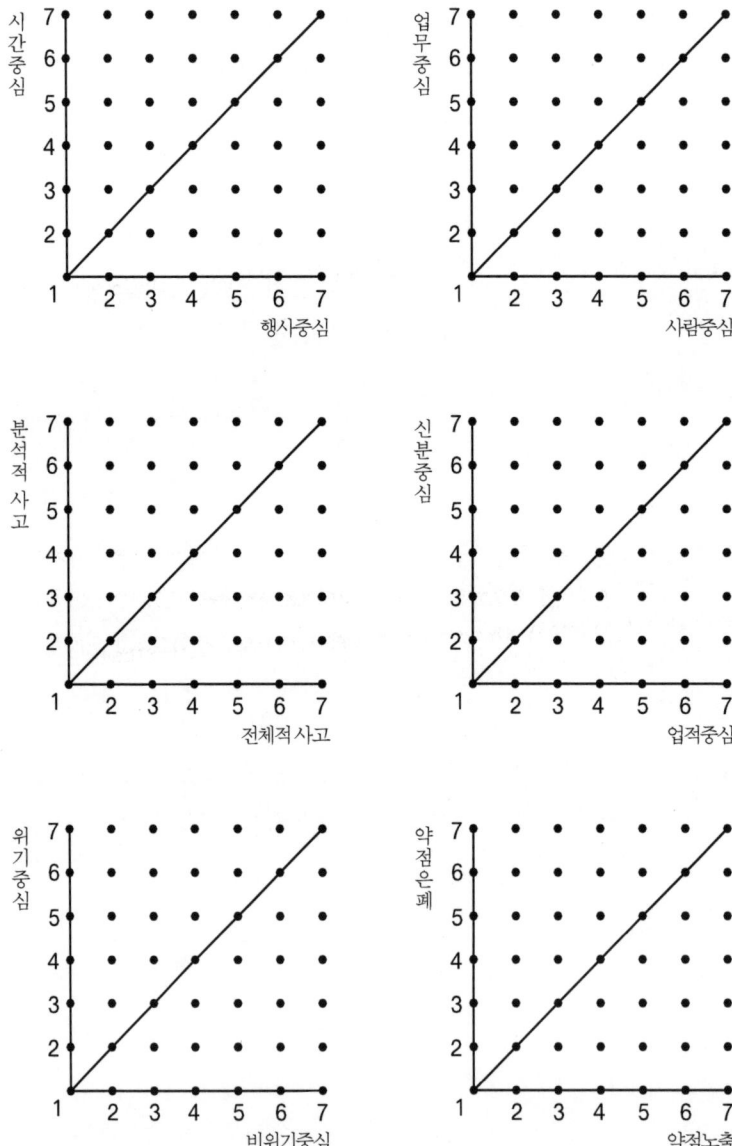

태는 대조되는 특성을 서로 다른 방향으로(그러나 반드시 반대방향만인 것은 아님) 잡아당기는 힘으로 표시한다. 각 행렬 상의 점수는 사람들이 결정을 내리거나 타인과 상호작용할 때 각각의 개별적 특성이 갖는 상대적 힘을 가리킨다. 첫 번째 좌표 상에 있는 (2, 6)의 점수(행사가 차지하는 우선순위는 2이고, 시간은 6의 비율을 갖는다는 말)가 나타내는 바는 시간제약이 행사를 완수하려는 마음보다 훨씬 더 개인의 결정과 행동에 강한 영향력을 행사한다는 것이다. (2, 2)의 점수는 어떤 특성도 강한 영향력도 갖지 않는다는 것을 뜻할 것이다.

기본가치에 관한 개인적인 평가는 몇 가지 방법으로 적용될 수 있다. (1) 우리가 기대하는 대로 행동하지 않는 사람에 대하여 판단을 내릴 때 기준으로 삼을 수 있다. (2) 다른 사람과 갈등을 일으킬 소지가 있는 쪽으로 가고 있으므로 피해야 한다고 알려 주는 레이다 신호와 같은 역할도 할 수 있다. (3) 또한 다른 사람과의 관계에서 최대한의 지적인 유대관계를 유지하도록 돕는 통찰력과 같은 역할을 한다. 이후의 장에서 우리가 보려고 하는 것은, 우리와는 다른 성향을 갖고 있는 사람과 문화에 대하여 주의 깊게 반응함으로써, 인간상호관계에서 생기는 긴장을 줄이거나 혹은 심지어 소화할 수도 있다는 것이다.

・주: 취약점 노출 거부는 인디언 문화의 한 예이다. 에벤에셀(Mr. Ebenezer)의 1986년 한국신학대학원 박사학위논문「설교에 의한 상담」(Counselling in preaching)에 따르면, 인디언들은 상담하러 목사에게 오지 않는데, 그 이유는 그것이 자기가 문제를 가지고 있다는 것을 남에게 알리게 되어 동료들에게 체면이 깎이기 때문이다. 그래서 목사가 많은 시간 상담을 할 수 있는 유일한 기회는 설교 시간뿐이다.

・참고: Orientation은 정향, 지향, 성향, 위주, 중심 등으로 다양하게 번역할 수 있다. 예를 들어 time orientation은 시간위주, 시간정향, 시간중심 등으로 번역할 수 있다. 그러나 본서에서는 번역의 통일성을 기하기 위하여 보다 포괄적인 의미를 갖는 '성향'이라는 말로 주로 번역하였다.

3. 시간과 긴장

애프 복음교회에서는 매 주일 아침에 두 번의 예배를 드린다. 팔라우족 언어로 드리는 예배는 8시 반에 시작되고 애프족의 예배는 11시에 드린다. 어느 특별한 주일에 팔라우 교회들의 선임목사이자 대표인 분이 그 지역의 팔라우 주민들에게 설교하기 위해서 애프섬으로 왔다. 그 예배의 특수한 성격 때문에 애프족 예배가 시작될 시간인 11시가 될 때 까지도 그는 설교를 끝마치지 못했다. 그러자 애프와 팔라우에서 30년을 산, 아주 노련한 어느 독일 자매가 자신을 더 이상 통제할 수 없을 때까지 언덕 아래에서 안절부절 했다. 갑자기 그녀는 애프족 소녀에게 가서 종을 치라고 지시했다. 말할 필요도 없이 그 팔라우족 목사는 매우 당황했고 서둘러서 그의 설교를 마쳤다. 그리고 팔라우족 교인들은 교회 밖으로 나왔다. 애프족 목사는 어떤 일이 발생했는지를 알아차리고는 팔라우 교인들과 목사가 나올 때, 사색이 되어 그들에게 사과하였다. 그 후 애프족 예배 때 그는 공개적으로, 그러나 부드럽게 그 자매를 꾸짖었다. 그는 다음과 같이 말했다. "우리 애프족은 예배가 언제 시작되는지에 대해서는 별로 신경을 쓰지 않습니다. 우리는 우리의 팔라우 형제들이 예배를 마칠 때까지 기다리는 것을 기쁘게 여깁니다. 우리들에게 시간은 별로 중요하지 않습니다. 우리가 원하는 것은 단지 팔라우 형제들이 여기 우리 교회에서 그들의 교제를 즐겼으면 하는 것입니다." 30분이라는 시간은 그 애프 교인들에게는 중요하지 않았다. 그들은 두 시간이라도 부담을 느끼거나 화를 내지 않고 기다렸을 것이다. 이와 대조적으로 미국인이나 독일인은 매우 성미가 급해서 5분 이상 지연된다면 화를 내고 만다.

늦는다는 개념은 문화마다 개인마다 매우 큰 차이를 보인다. 나는 내 아내가 일했던 주립대학 도서관 밖에서 그녀를 기다리면서 차 안에 앉아 있었던 것을 기억한다. 그때 그녀는 항상 늦었다. 만일 아내가 5분정도 늦으면 나는 주저하지 않고 그녀를 용서해주었다. 그러나 때로는 그녀가 약 15분 정도 늦으면, 그럴 때마다 변함없이 나는 그녀에게 늦은 이유를 설명하라고 요구했고, 그러면 자연히 우리 사이에는 긴장이 생겼다. 아주 드문 경우지만 그녀가 2-30분 늦으면 나는 반드시 오랫동안 기다려서 화가 났다고 이야기를 했다. 그런 경우 우리 사이는 오랫동안 기다림으로 인해 갖게 된 일종의 적개심 때문에 의사소통이 거의 불가능했다(독자 여러분은 스스로 얼마 동안이나 적개심을 갖지 않고 기다릴 수 있는지 생각해 볼 수 있을 것이다).

애프 사람들은 내가 화내는 것을 받아들일 수 없거나, 이해하지 못할 것이다. 그들에게는 약속 시간에 두 시간 늦는 것도 늦은 것이 아니다. 라틴 아메리카에서 사역하고 있는 선교사들은 그곳에서의 이와 유사한 태도를 보고한 적이 있다. 차이가 있다면 라틴 아메리카에서 "늦는다"는 정의가 애프족의 것보다 짧은 시간대를 가리킨다는 것뿐이다. 대부분의 북미 사람들은 상대방이 15분 정도 늦을 때 긴장하게 된다. 그러나 대부분의 라틴 아메리카 사람들은 상대방이 한 시간 이상을 늦을 때에야 긴장을 느낄 것이며, 얘프 사람들은 기대했던 파티가 약 세 시간 정도 늦기 전까지는 긴장을 느끼지 않을 것이다.

미국인과 독일인은 시간위주의 문화(time-oriented culture)에 속하는 반면에, 라틴 아메리카나 얘프인들은 훨씬 행사위주라고 메이어스는 생각한다. 시간위주의 사람들은 시간의 엄수, 연장된 시간의 양, 그리고 최대한의 시간 선용 등에 엄청난 관심을 보인다. 행사위주의 사람들은 요구된 시간의 양에 관계없이 행사가 완수되었는지의 여부에 관심을 표하며 또한 꼼꼼하게 계획된 활동보다는 즉흥적인 참여를 선호한다.

도표 1. 지각의 개념

	용인되는 지각	긴장	적개심
얘프족	2시간	3시간	4시간
남미인	½시간	1시간	2시간
북미인	5분	15분	½시간

시간성향의 특성과 행사성향의 특성을 이해하기 위해서 우리는 우선 그것들을 상반되는 개념으로서 검토해 볼 것이다. 각각의 특성이 극단적으로 다른 반면에, 사람의 행동은 좀처럼 어느 한 극단에 빠지지 않는다. 오히려 대부분의 사람들은 두 극단의 중간에 놓여 있다. 어떤 환경에서는 이쪽에 끌리고, 어떤 환경에서는 저쪽에 끌린다. 우리가 시간성향과 행사성향에 관하여 이야기하는 이유는 연속선 혹은 행렬상의 어느 편이 개인과 문화를 지배하는지를 나타내기 위해서이다. 양편 다 일관

된 많은 행동표현 방식이 있다.

일례로 나는 몇 년 동안에 미국에서 선교기관을 위한 후보자 훈련과정에 참석한 적이 있다. 나를 초대한 첫 번째 리더는 제안하기를, 우리가 원하는 것은 무엇이든지 토론하기 위해서 매일 모일 텐데, 어떤 예정된 계획을 갖고 모이지는 않을 것이라고 했다. 우리는 어떤 때는 아침식사 후에 시작했고, 식사나 휴식을 위해서 잠깐씩 쉬었으며, 우리의 관심과 집중력이 떨어지는 오후나 저녁에 끝마쳤다. 몇 년 후에 다른 사람이 그 프로그램의 책임을 맡게 되었다. 이 두 번째 리더는 매 기간에 배당된 특별한 주제에 대하여 45분씩을 할당하는 계획표를 작성하였다. 이 두 사람은 매우 다른 형의 사람들임을 예시해준다. 즉 첫 번째 사람은 행사성향적인 반면, 두 번째 사람은 확실히 시간성향적이다. 둘 다 모두 타당하다. 어떤 사람들은 고정된 일정표가 없을때 더 만족하며, 또 어떤 사람들은 정확한 일정이 있을 때 더 편안함을 느낀다. 주목할 만한 점은 똑같은 문화적 배경을 가진 두 사람이 한 조직 내에 있다 하더라도 그들 역시 그와 같이 다른 방식으로 시간을 다룬다는 것이다.

시간성향적인 사람과 문화

시간성향적인 사람과 문화는 일정표와 시간을 엄수하는 것에 대하여 깊은 관심을 보이며, 그것은 여러 면에서 분명히 드러난다. 미국의 학교나 사무실, 사업장, 집 등은 모든 방에 시계가 있고 거의 모든 사람이 시계를 차고 있다. 매일매일은 일정한 시간을 주기로 해서 계획되며 매 시간을 어떻게 이용할 것인가를 대단히 주의깊게 계획한다. 모임과 업무

시간, 휴식 등이 시간으로 계산되며, 개개인은 자신의 활동일정을 짜기 위하여 조그만 수첩을 갖고 다닌다. 시간성향적인 사람들에게 있어서는 기념일, 약속일자, 역사 등이 특별한 중요성을 갖는다.

시간지향이 갖는 또 다른 양상은 목표를 향한 일정표를 짜는 것이다. 시간지향적인 사람은 전형적으로 그들에게 주어진 시간 내에 이루고자 하는 특정한 목적을 갖고 있다. 그들은 일을 끝내야만 하거나 특정한 활동을 마쳐야 할 시간을 정해 놓는다. 이러한 성향을 가진 사람들은 종종 자기들의 시간을 가능한 한 최대로 꽉 채워 놓는다. 그들의 생활은 엄청난 속도로 진행되며 약속들로 가득 차 있어서 즉흥적으로 될 수 있는 것은 아무것도 없다.

시간성향적인 문화에서 시간을 잘 이용한다는 것은 종종 보상과 연결이 된다. 예를 들어서, 우리는 아이들에게 다음과 같이 말할 수 있다. "숙제를 하기 위해서 더도 말고 20분만 공부해라! 만일 그 시간 내에 그것을 끝내면 너는 저녁 내내 자유로운 시간을 보내게 될 것이다." 내 아들은 이런 방식으로 숙제를 하게 하면 항상 어려움을 겪는다. 왜냐하면 성격상 그 애는 보다 행사성향적이기 때문이다. 그 아이는 숙제를 하면서 음악을 듣거나, 놀면서 틈틈이 하곤 한다. 그래서 세 시간이 지나도 숙제를 서너 줄 정도만 했든지 아니면 태반의 산수 문제가 여전히 풀리지 않은 채 있다. 그러나 개인적인 목표가 있다면 그 아이를 움직여서 그 아이의 전체적인 행동방식을 바꾸어 놓을 수 있다. 언젠가 그 아이는 영화구경을 하고 싶어했다. 나는 처음에는 안 된다고 했으나 영화가 시작되기 약 10분 전에 "애! 아빠는 사무실에 가려고 하는데 네가 숙제를 끝낸다면 영화관에 데려다줄 수 있다"고 했다. 5분 내에 그 아이는 숙제를 끝마쳤다. 그 영화를 보고 싶어 했기 때문에 그 아이는 숙제를 매우 빨리 끝낼 수 있도록 동기부여를 받은 것이다. 그렇지만 그 아이가 마음에 특별한 목표를 갖기 전까지는 시간은 그의 생각에서 중요한 요소가 아니었다. 어떤 사람들은 시간을 돈이라 생각하고 특수한 보상을 얻거나 특수한 목적을 이루기 위해서 매 시간을 사용한다.

행사성향적인 사람과 문화

시간성향적인 사람과는 정반대로, 행사성향적인 사람은 언제 시작하고 언제 끝내는가에 관해서보다는 어떤 일들이 발생할 것인가에 관하여 더 관심을 갖는다. 행사성향적인 사고의 지도자는 훈련기간 동안 참석자들에게 어떤 일들이 발생 했는가에는 많은 관심을 기울였지만, 언제 그런 일들이 발생했는가에 대해서는 신경을 쓰지 않았다. 그는 예정된 기간을 위한 어떤 구체적인 일정도 없었다. 오히려 그의 기본적인 관심은 후보자들을 훈련시키는 과정에서 어떤 일들이 발생했으며, 그러한 경험이 그들에게 과연 의미가 있었는지 혹은 그들이 장차 더 효과적으로 일처리를 할 수 있도록 준비시켜 주었는지의 여부에 있었다. 그는 학습이 이루어지는지에 관해서만 관심을 기울였고, 우리가 따라가는 일정표나 우리가 들인 시간의 양은 거의 문제시하지 않았다. 시간성향적인 사람은 이런 생활방식을 이해할 수 없다. 왜냐하면 그들에게는, 사람은 잘 짜여진 일정에 따를 때에야 비로소 배울 수 있다는 전제가 있기 때문이다. 따라서 다른 학습방식은 비효과적이며 게으름을 조장하는 것으로 보인다.

행사성향적인 사람에게 있어서는, 어떤 임의적인 시간제약을 준수하는 것보다는 활동을 완수하는 것이 더 중요하다. 야구는 미국문화에서 아직까지도 행사성향적인 규칙을 따르는 활동이다. 야구는 어떤 시간제한이 없이 필요한 만큼 회수를 늘릴 수 있는 경기이다. 몇몇 인종(흑인, 스페인)의 교회 예배 역시 행사성향적인 일정으로 진행된다. 예배는 거의 정시에 시작되지 않으며, 종종 두세 시간 이상씩 지속된다.

행사성향은 일정에 얽매이지 않는 "개방적"인 사고방식을 만들어 낸다. 행사성향적 사람들은 종종 시간표가 짜여진 모임에 늦는데, 그 이유는 그 이전에 참가한 행사가 정시에 끝나지 않았기 때문이다. 그들에게 있어서 모임은 마지막 사람이 도착하면 시작되고, 마지막 사람이 떠나면 끝난다. 참여와 완수가 핵심적인 목표이다. 행사성향적인 사람들에게는 사실 경기에 참여하는 것이 경기에 이기는 것보다 중요하다. 그들은 또한 문제나 위기에 대처하는 형식에서도 차이를 보인다. 시간성향적인 사람들이 쉽게 토론에 지쳐서 투표를 요구하는 반면에 행사성향적인 사람들은 만장일치에 도달할 때까지 물고 늘어진다.

마지막으로, 행사성향적인 사람들에게는 현재가 과거나 미래보다 훨씬 중요하다. 역사는 정확한 시간에 관한 문제라기보다는 순서에 관한 문제들이다. 애프족은 자신들의 정확한 생일이 언제인지에 대해서는 모르지만 자기 부락에 살고 있는 모든 사람의 생일이 어떤 연차적인 순서로 되어 있는지는 알고 있다. 역사라는 문제는 그들에게 거의 중요하지 않다. 대신 그들은 현재 연관성이 있는 일들에 몰두한다.

도표 2. 시간성향과 행사성향

시간성향	행사성향
1. 시간엄수와 시간의 양에 대한 관심이 큼	1. 시간이 얼마가 걸리든 상관없이 행사에 관심을 가짐
2. 될 수 있는 대로 시간 한도 내에서 최고를 완성하기 위해 시간을 세심하게 할당함	2. 문제가 해결될 때까지 철저하게 심사숙고함
3. 일정이 잘 짜여진 목표 성향적인 활동	3. 일정에 얽매이지 않는 "개방적인" 태도
4. 효율적인 시간사용을 위한 자극제로서 보상을 함	4. 행사를 치르는 것 자체를 보상으로 여김
5. 날짜와 역사를 강조함	5. 과거나 미래보다 현재의 경험을 강조함

성서적 관점

그리스도의 생애 동안, 유대인의 문화는 압도적으로 행사성향적이었다는 것이 타당한 주장일 것이다. 신약에서 사용된 시간은 해시계를 사용한 근사치였으나, 대부분의 사람들은 하늘에 떠 있는 태양의 위치로 시간을 측정했다. 낮 시간은 4등분되어 새벽에 시작하여 오전, 낮, 그리고 오후로 구분되고 일몰로 끝난다. 밤 역시 4등분 되었는데, 저녁, 한밤중, 새벽, 아침으로 구분되었다(밀러, 1983). 이렇게 시간주기는 매우 느슨하게 짜여져 있었으며, 복음서를 통하여 보았을 때 유대인들은 시간엄수나 시간계획 작성 등에는 거의 무관심했다는 것을 알 수 있다.

사실 요한복음에서 발견되는 증거는 비록 불충분하긴 하지만 유대문화에 성육신하신 예수가 개인생활과 사역에서 행사성향적이었다는 것을 암시해 준다. 예수의 사역의 시작은 세례 요한의 두 제자가 예수와 하루를 같이 보내기 위해 어떻게 왔는지에서부터 전개된다(요 1:39). 그것은 예정에 없던 만남이었다. 어떤 주석가들(예를 들어 브라운, 1970)은 그 때가 금요일 늦은 오후였으므로 두 사람은 집으로 갈 것인지 아니면 안식일 하루 종일을 예수와 함께 보낼 것인지를 결정했어야 했을 것이라고 추정한다. 안식일이 끼었든 아니든 간에 그들은 예수와의 만남을 맘껏 즐기기 위해서 그들의 사전 계획을 포기했다.

성경의 또 다른 부분에서도 이와 유사하게 유대문화가 일정에 대하여 무관심했다는 것을 보여준다. 요한복음 3장 2절에서는, 니고데모가 예수께 밤에 왔지만, 예수께서 그와 같은 늦은 시간에 만나 주시면서 아무런 불쾌감도 표시하지 않는 모습을 보여준다. 또한 요한복음 4장 4-42절을 보면, 예수께서 여행에 지쳐서 사마리아에 있는 야곱의 우물가에 앉아 제자들이 음식을 가져오기를 기다리고 계시는 모습이 보인다. 그런데 제자들이 음식을 장만해서 돌아왔을 때 예수는 음식에는 아무런 관심도 나타내시지 않고 가르치시는 것을 계속하셨다. 많은 마을 사람들이 그분을 믿었기 때문에 그분은 여행을 계속하려는 계획을 잠시 중단하고 제자들과 함께 이틀간을 거기서 더 머무셨다. 그 후에 예수는 친구 나사로가 병들었다는 전갈을 받았다. 그분은 나사로가 이미 죽었고 마리아와 마르다가 슬픔에 잠겨 있는 것을 알고 계셨음에도 불구하고 서두르지 않으시고 거기서 이틀을 더 머무셨다(요 11:6).

이것은 예수께서 시간에 관해서 전혀 무관심하셨다는 것을 말하려는 것이 아니다. 단지 그분이 그 당시의 문화에 완전히 성육신, 즉 동화되셨다는 것을 말하려는 것이다. 그분은 유대인들 사이에서 보편적인 방식으로 생활하셨고 사역하셨다. 그러나 하나님의 계획에서 시간이 중요해졌을 때, 예수는 제자들에게 행동을 촉구하셨다. 예를 들어 요한복음

4장 35-36절에서 예수는 제자들이 사람들의 절박한 필요를 무시하는 것을 보시고 매우 꾸짖으시면서 지금이 추수할 때라고 훈계하셨다. 마태복음 4장 17절에는 예수께서 전파해야 할 시간이 왔다고 말씀하셨으며, 마태복음 16장 21절에는 예수의 고난과 죽음, 그리고 부활을 가르칠 때가 왔다고 기록되어 있다. 그러나 주목해야 할 것은 이러한 문맥에서 강조되는 "시간"은 어떤 일정을 가리키는 것이 아니라 "기회"를 뜻한다는 것이다(맥코넬, 1983 : 61-70).

초문화 사역을 위한 교훈들(implications)

이러한 신약의 예들이 우리가 다른 사람들과 관계를 맺거나 사역하는데 어떤 교훈을 주는가? 우리의 생각이나 행동은 시간성향적인가? 아니면 행사성향적인가? 앞에서 언급한 바 있는 두 선교회 지도자는 같은 문화에 속한 사람들이지만 시간에 대해서 얼마나 다른 태도와 자세를 가질 수 있는가를 잘 보여 준 예이다. 종종 성격이 매우 다른 사람들은 상대방 때문에 실망을 해서 그들이 효과적으로 동역하는 것이 불가능하게 될 정도로 서로를 거부한다. 전체적인 문화의 성향이 선교사의 문화적 성향과 갈등을 일으킬 경우, 초문화적인 의사소통과 사역을 하려는 노력은 적개심과 투쟁이 그 특징으로 부각될 것이다.

미국문화는 일반적으로 시간지향을 높게 평가한다는 것이 명백하다. 예를 들어 영화가 제 시간에 시작되지 않는다면 관람객들은 시간이 지연되는 것에 화를 내면서 곧 발을 구르고 야유를 하며 휘파람을 불 것이다. 그러나 관중석에 행사지향적인 선교회 지도자들 같은 사람이 있다면, 그들은 시간이 지연되는 것 때문에 동요되지 않고 오히려 동료 미국인의 참을성 없는 모습에 당혹할 것이다. 이러한 반응은 교회나 사교활동에서도 볼 수 있다. 만일 교회 수련회가 조직적이 못되고 시간을 지키지 않는다면, 어떤 참석자들은 시간을 낭비하는 것에 관하여 불평할 것이다. 행사성향적인 참석자는 문화적으로 공인된 일정수립을 무시한다. 그런 경우에 효과적인 시간사용에 대한 미국문화의 요구는 참석자들의 개인적 취향보다 더 중요하다.

어떤 문화들은 시간에 대한 성향이 매우 상이하다. 태평양 군도에 사는 사람들은 미국인의 태도와 아주 대조적이다. 예를 들어서 우리가 어느 애프족의 학교로 영화를 보러 갔을 때, 사람들은 8시 반이 되어서야 모이기 시작했다. 한 시간 후에 대부분의 사람들이 도착했지만, 몇몇 사람들은 이보다 10분 더 늦게 도착했다. 영화가 9시에 시작될 것이라고 발표가 되었지만, 영화는 10시가 되어서야 겨우 시작되었다. 영화가 지체된 이유는 사람들이 모두 도착하지 않았기 때문이 아니라 기다리는 것이 예의였기 때문이었다. 주최 측에서 영화를 시작하려고 결정했을 때, 그들이 먼저 발전기를 돌려야 했는데 그것 때문에 약간의 시간이 소비되었다. 만일 발전기에 문제가 있었다면 그들은 아마도 발전기를 떼어내서 캬브레터를 청소하고 필요한 조치를 취하는데 약 한 시간 반을 소비했을 것이다. 마침내 발전기가 작동하고 나서야 비로소 그들은 프로젝터에 필름을 감았다. 릴을 교체하는 사람은 매우 한가롭게 작업을 했으며, 그 사람과 주위 사람들은 그 동안에 빈랑나무 열매를 씹으면서 담소를 나누었다. 영화가 상영되는 도중에 발전기가 고장나면, 애프 사람들은 서로 이야기를 나누고 빈랑나무 열매를 씹으면서 오히려 그런 상황을 즐긴다. 만일 발전기가 다시 작동되는 것이 불가능하다고 알려진다면 그들은 아무 말 없이 한 사람씩 한 사람씩 집으로 떠나갔을 것이다. 영화를 끝까지 다 보지 못했다 하더라도 그들은 즐거운 저녁 한 때를 보냈을 것이다.

초문화 사역을 효과적으로 하기 위해서는 그러한 시간에 대한 견해 차이에 적응해야만 한다. 마이크로네시아에서 각종 활동(Micronesian activities)에 참여하는 미국인은 시간에 대한 다른 태도에 직면하리라는 것을 예상해야 한다. 이 차이가 좌절감을 초래한다면, 이를 보상해 줄 수 있는 전략을 채택할 수 있다. 간단한 방법은 계획된 시간이 아니라 편리한 시간에 업무를 보러 가는 것이다. 대부분의 경우에 공식적인 업무는 예정시간보다 최소한 2시간 늦게 시작된다.

여러 가지 면에서 미국인과 마이크로네시아인들은 시간에 대한 태도가 다르다. 마이크로네시아인들은 긴박감을 전혀 갖고 있지 않다. 우리는 시간이 가치 있는 것이며, 빨리 지나간다고 느낀다. 특히 미국의 청년들은 그들이 인생의 모든 것을 경험하기도 전에 시간이 흘러가 버릴까봐 염려한다. 미국인들은 어떤 일을 끝내고 다음에 무슨 일을 할지를 계획하면서 긴박감을 갖는다. 그들은 휴가나 주말 혹은 방학 때까지 기다릴 수 없다. 그들은 다음 업무에 주의를 집중시킨다. 그러나 마이크로네시아인들은 이러한 시간의 압박을 느끼지 않는다. 그들에게 시간은 미국인들이 생각하는 것처럼 그렇게 가치 있는 것이 아니다.

에드워드 홀이 지적한 대로(1973 : 152-55), 미국인의 태도에서 나타나는 또 다른 면은 다양한 것을 경험해 보고 싶어하는 욕구이다. 그들은 색다른 일들을 하기 좋아한다. 마이크로네시아에 있는 미국인들은 놀러

갈 곳이 없기 때문에 자주 낙심한다. 드라이브를 하러 나가도 똑같은 곳으로 가게 되며, 그것도 기껏해야 출발지점에서 40킬로미터 정도 떨어진 곳까지 도로망을 따라 여행하는 것이다. 태평양 군도의 생활에서는 다양성을 거의 경험하지 못한다. 미국인들이 변화와 새로운 경험을 찾는데 반해서 마이크로네시아인들은 단조로움과 일상적인 것에 익숙해 있다. 이 섬들에서는 새롭게 해볼 만한 일이 거의 없다. 갈만한 곳도 적고, 똑같은 사람들을 만나며, 똑같은 일들을 계속 반복한다.

    미국인의 또 다른 특징은 에드워드 홀(1973 : 153)이 말한 대로 한 번에(monochronism) 그리고 전력을 다하여(single-minded use of time)이다. 예를 들어서 내가 건축을 시작한다면, 나는 그것을 끝마칠 때까지 계속해서 거기에 매달릴 것이다. 그러고 나서야 논문을 쓴다든지 아니면 강의를 준비한다든지 다른 일을 할 것이다. 나는 동시에 한 가지 이상의 일을 하면 매우 힘이 든다. 두 개의 업무를 동시에 수행하는 것은 미국인들에게 힘겨운 일이다. 많은 미국인들은 그들의 에너지를 한 가지 일에 집중하기를 좋아한다.

    그런데 마이크로네시아인들은 이 점에서 다른 경향을 보인다. 그들은 여러 가지 일을 한꺼번에 하면서 전혀 압박감을 느끼지 않는다. 나는 2년에 걸쳐서 집을 지었던 한 얩인을 본 적이 있다. 그는 하루 이틀 동안은 집을 짓는데 시간을 쓰고, 또 며칠 동안은 가족에게 생선을 먹이기 위해서 낚시를 하러 가곤 했다. 그러고 나서 그는 다른 사람들을 돕거나 다른 종류의 일을 하기 위해서 며칠을 보낸다. 그는 겨울을 걱정해야 할 필요가 없었고, 그가 사는 집이 비로부터 가족을 보호해 주었기 때문에 그는 새 집을 원했지만 급하지 않았다.

일치하지 않는 개인적인 행동

우리는 문화가 어떻게 시간중심 혹은 행사중심을 나타내는지 검토해 보았다. 그러나 모든 문화에는 그 문화의 전체적인 경향과 다른 행동방식을 갖는 사람이 있기 마련이다. 내가 브로크포트에 있는 뉴욕 주립대학의 학생들을 대상으로 조사를 해본 결과 그들은 행사지향적인 경향을 보인다는 사실을 발견했다. 이것이 암시하는 바는, 오늘날의 미국 대학생들은 미국문화가 그들에게 요구하는 정도로 시간성향적이 되거나 일정을 지키기 위해서 애를 쓰지는 않는다는 것이다. 학생들은 학과에 지각을 하며, 과제물을 제 시간에 제출하지 않는다. 또한 목요일에 주말을 시작한다. 이러한 모든 것은 행사성향을 나타내는 것들이다. 이런 학생들은 종종 미국문화가 갖고 있는 기대치와 갈등 관계에 놓인다. 어떤 때는 학생들이 문화 때문에 낙담하게 되고, 어떤 때는 문화가 그들에 의해서 무시당한다.

어떤 사람들이 말하기를, 학생들이 숙제를 늦게 제출하고 일정에 따르려고 하지 않는 이유는, 그들 자신이 규칙으로부터 자유롭다고 생각하기 때문이라는 것이다. 그들은 소위 말하는 "나" 세대("me" generation)를 이루고 있다는 것이다. 비록 최근의 교육이 개인의 자아 발견을 강조한다 하더라도 나는 이러한 설명이 적절하다고 생각하지 않는다. 한 가정에 있는 어린이들조차 종종 시간에 대하여 매우 다른 태도를 갖는다. 한 아이는 시간의 제약을 쉽게 받아들이지 않지만, 시간 지키는 훈련을 받기 위해 갈등하지 않으면 안 된다. 반면에 그 가정의 또 다른 아이는 매우 쉽게 시간제약에 순종을 한다. 각 아이는 상황에 따라서 시간의 요구 또는 행사의 요구에 따르는 것을 배운다. 그렇지만 행사성향적인 아이는 문화체계가 짜증나게 만든다고 생각하기 때문에 거기에 적응하려면 많은 노력을 해야만 한다. 반면에 시간성향적인 사람들은 자신들의 태도를 그 문화가 만들어낸 논지들로 합리화시키지만 이런 것들이 그들의 개인적인 행동을 충분히 설명해 주는 것은 아니다. 그들이 하는 행동의 정확한 원인은 아마 어떤 사람이 이해하는 것보다도 훨씬 복잡할 것이다.

이 모든 것의 요점은 각 개인이 한 문화권 내에서도 매우 다양하게 행동하며 이러한 차이를 단순하게 설명할 수는 없다는 것이다. 모든 문화가 각기 한 가치들을 선정해서 강조하기 때문에 좌절하게 되는 사람들이 항상 존재한다. 어떤 얘프인들은 행사경향 때문에 좌절을 경험하며, 우리가 우리 자신의 문화적 규범에서 벗어난 사람들을 좋아하지 않는 것처럼 그들 역시 그들의 태도가 자기네 문화에 의해서 부정되고 있다는 것을 경험한다. 어떤 사람들은 그들의 천성이 여로모로 다르기 때문에 그들의 문화에 맞지 않는다.

불행히도 많은 선의의 그리스도인들이 자신들과 행동방식이 다른 사람들은 반항적 혹은 육신적이라고 평한다. 어린아이가 꾸중을 듣고 위협을 당하며 강압을 당하면 내적으로 깊은 좌절감이나 자기 거절감을 갖거나 자신은 하나님과 이웃을 기쁘게 할 수 없는 무기력한 존재라고까지 절망적인 생각을 하게 된다. 성인 역시 그가 속한 집단 내의 사람들이 그의 시간에 대한 태도와 시간 사용의 태도에 대해 갖는 불만 때문에 반항적인 사람으로 비난받거나 어떤 중요한 역할에서 제외될 수 있다. 비판자들은 사람들이 이웃을 도우려고 시간을 썼기 때문에 종종 그들과 보조를 맞추지 못한다는 사실을 인식하지 못한다(누가복음 10장 30-37절을 주목하라). 그들로 시간의식이 부족한 성격을 갖도록 하는 특성들이 그들에게 다른 사람들을 돕는 것에 최우선순위를 둘 수 있도록 해준다. 오늘날의 많은 교회와 선교회가 상세한 주보나 월보를 요구하는 것에 대해 예수께서 어떻게 반응하실 것인지 궁금하다. 오늘날 어떤 설교자가 자신의 가르침에 특별한 관심을 보이는 사람들과 일정을 변경하면서까지 이틀을 더 지내려 할 수 있겠는가?

하나님의 우선순위

그림 1은 각각의 문화가 시간과 행사에 두는 강조점이 매우 다르다는 것을 보여준다. 미국문화는 시간제약이 있는 경우가 빈번하므로 행사가 차지하는 우선순위의 비율은 아마도 2정도로 표시될 것이며, 시간의 비율은 6정도를 차지할 것이다(2, 6). 애프인들은 문화적으로 이와는 정반대인 듯한 양상을 보여서 시간보다 행사가 차지하는 비중이 더 크다. 따라서 애프 문화는 좌표상 (6, 2)에 표시될 수 있을 것이다. 한국인과 남미인들은 이 양극의 중간쯤에 위치한다. 한국의 기도회가 2시간에서 4시간까지 계속되는 경향이 있고, 남미의 기도회시간보다 길기 때문에 한국인은 도표상 약 (5, 4)에 위치하고 남미인들은 약 (3, 5)에 위치한다고 가정하자. 물론 어떤 문화에서건 개인차는 존재할 것이다.

그러면 우선순위를 놓고 볼 때 이들 중 과연 누가 더 경건한가? 하는 의문을 가질 수도 있을 것이다. 이 질문에 답하기 위해서 우리가 인정해야 할 것은, 시간을 다루는 우리의 방식이 바로 하나님의 방식은 아니라

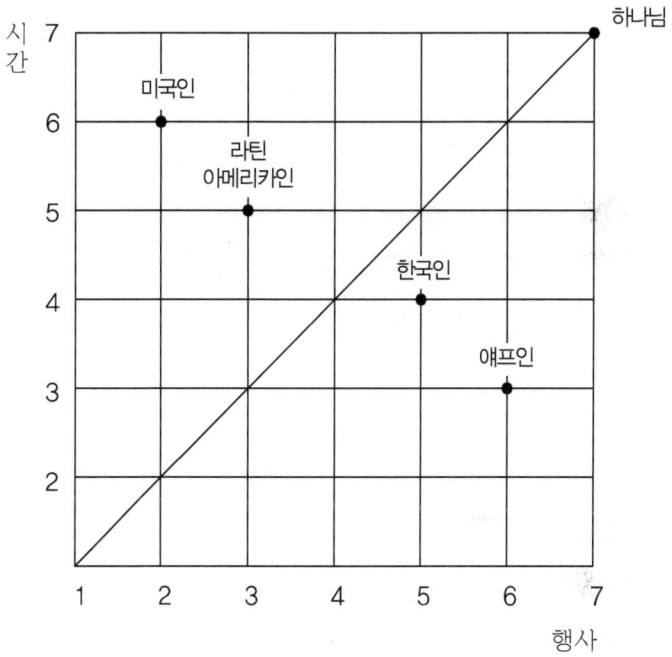

그림 1. 시간과 행사에 부여되는 가치

는 점이다. 사실 어떤 문화도 하나님과 같은 우선순위를 갖고 있지 않다. 왜냐하면 하나님의 계획 하에서는 시간과 행사에 대한 강조가 완전한 조화를 이루고 있기 때문이다. 윌리엄 맥코넬은 다음과 같이 말한다. "시간은 하나님의 선물이며, 그의 우선순위들은 우리가 받은 시간의 양 안에서 항상 성취될 수 있다. 하나님은 선물을 풍성하게 주시는 분이므로, 예수께서 우리를 부르신 목적을 이루기에 충분한 시간이 항상 있다"(1983 : 89). 이 말에 따른다면 우리는 하나님의 우선순위를 도표상 시간과 행사가 완전한 균형과 조화를 이루는 곳(7, 7)에 위치시킬 수 있을 것이다. 예수께서 한적한 곳으로 기도하러 나가셨지만 무리가 그분을 따라가 그들에게서 떠나시지 못하도록 했을 때 그분은 이러한 균형을 보여 주셨다. 그들을 돌려보내기보다는 그들을 고치시고 가르치시며 그들을 먹이셨다. 그리고 저녁이 되었을 때 그들을 보내셨다. 그들의 모든 요구가 채워진 후에야 비로소 예수는 밤에 한적한 곳으로 가서(마 14:13-25) 밤 사경 제자들을 만나시러 물위를 걸어가실 때까지 홀로 기도하셨다. 예수의 이러한 본을 따를 힘이나 의지력을 갖고 있는 사람은 별로 없다. 예수는 그를 둘러싸고 있는 무리에게 먼저 시중을 들고, 그 다음에 자신을 돌보셨다.

효과적인 초문화 사역을 하기 위한 중요한 열쇠는 시간과 행사에 대하여 성육신적 태도(incarnational attitude)를 갖는 것이다. 즉 우리는 우리가 일하는 사람들이 갖고 있는 시간과 행사에 대한 우선순위에 우리 자신을 맞춰야 한다. 그러나 미국인들이 타문화권에 들어갈 때 그들은 종종 이 문제에 대하여 문화적 맹목성(cultural blindness)을 드러낸다. 우리는 시간의 긴급성을 느끼고 우리 자신의 문화를 반영하는 생활을 한다. 그러나 하나님은 우리에게 명령하시기를 자기중심적인 마음으로는 아무것도 하지 말라고 하신다. 그 대신 우리 자신보다 남을 낫게 여기라고 명령하신다(빌 2:3-5). 우리 자신의 것보다는 다른 사람들의 시간과 행사의 우선순위를 따르기 위하여, 우리의 자세가 예수와 똑같아야 한다. 우리는 결코 도표상의 (7, 7)점에 도달할 수는 없지만, (5, 5) 또는 (6, 6)의 균형점을 향하여 노력할 수는 있다. 그러한 목표를 갖는다면 우리는 우리와 다른 문화적 가치를 가진 사람들에게 보다 효과적인 사역을 할 수 있게 될 것이다.

4. 판단과 긴장

나는 얘프족 언어를 배운 후에 몇몇 얘프족 노인들에게 그들의 기원과 문화사(文化史)에 대하여 물어 보았다. 나는 다음과 같은 이야기들을 경청하면서 그것들을 분류하여 전체로서 통합하기 시작했다. 그 중 하나는 얘프섬의 최초의 가족에 관한 것으로서, 그들이 어떻게 정착을 하고, 후에 현재 사는 사람들의 선조가 되는 자녀들을 두었는가에 관한 것이다. 또 다른 이야기는 섬 중앙에 솟아 있는 산을 휩쓸어 버리고, 일곱 명의 자녀를 둔 한 가족을 제외하고 섬 전체를 파괴해 버린 대홍수에 관한 것이었다. 그 일곱 명의 자녀는 모두 각기 다른 장소에 정착하여 그들 자신의 자손을 번식시켰다. 나는 가인이 그의 아내를 어디에서 구했는가 하는 해묵은 의문을 연상케 하는 질문을 했는데, 그것은 그들이 어디에서 그들의 배우자를 찾았는가 하는 것이었다. 왜냐하면 그들은 동족끼리 서로 혼인관계를 맺지 않았기 때문이다. 얘프족 노인들은 그러한 질문에 대하여 자신들은 알지 못하며 또한 그것은 중요한 것이 아니라고 대답하면서, 내가 그 이야기의 의미를 이해하고 있지 못하다고 주장했다. 나는 또 다른 의문점에 사로잡혔다. 그것은 얘프족들이 모계혈통으로 보아 대략 30개의 씨족을 이루고 있었는데, 각각의 씨족은 그들 고유의 기원을 갖고 있다는 점이었다. 예를 들어 포포이즈족과 로우프족, 그리고 머쉬룸족은 각각 자신의 고유한 기원에 관한 설화들을 가지고 있었는데, 나는 이러한 점이 어떻게 대홍수의 설화와 조화될 수 있을지 궁금했다. 애프족 노인들은 실망했다는 듯이 머리를 저었다. "이것들은 홍수에 관한 이야기와 아무런 관련이 없습니다. 왜 이러한 것들을 함께 묶으려고 합니까? 그것들은 전혀 별개의 것입니다."

내가 애프족과 면담하는 데 있어서 발생한 문제점은, 나의 성격과 지금까지 내가 받아온 교육으로 인하여 모든 것을 한 연속선상에 놓고 보려는 데 있었다. 나는 모든 것을 분류하고 체계적으로 구성하여 적당한 위치에 끼워 맞추려고 한다. 나는 모든 것을 구성요소로 분할하여 다시 명확한 형태로 재분류하기를 좋아한다. 미국적 문화는 일반적으로 이와 같은 사고유형을 조장하고 있다.

과학과 사회과학 그리고 신학은 모두가 조직하고 체계화하는 학문이다. 그러나 히브리인들은 체계적이지 않았고, 하나님도 그들에게 자신을 계시하셨을 때 그들이 체계적이기를 고집하지 않으셨다. 그들은 하나님을 독립된 이야기들, 산 역사, 그리고 예언들과 같은 총체적인 형태로서 이해하고 표현했다. 구약성서의 어디에서도 모든 사실들을 체계적인 방법으로 한데 묶으려고 하지 않는다. 모든 것을 명확한 관계 속에서 보려는 사람들은 아마도 히브리인들을 비조직적이라고 할 것이다. 그러나 그들은 총체적인 방식으로 의사소통을 했다. 그들은 모든 것을 포괄적인 체계 속으로 분류하려고 하지 않았다. 즉 각각의 순간들은 별개의 분리된 전체의 부분이었던 것이다. 반면에 희랍적이며 유럽적인 전통에 젖어 있는 서구인들은 모든 사물을 하나의 일관된 논리가 지배하는 세계관 속으로 체계적으로 분류하려는 아리스토텔레스적인 방식으로 우주를 이해하려고 한다.

내가 모든 애프인들의 이야기들을 하나의 체계적인 신화로 짜 맞추려고 했을 때 그들이 실망한 이유는, 각각의 이야기들이 그 상황을 떠나서는 의미를 상실해 버리는 별개의 붕괴된 전체였다는 것을 내가 이해하지 못했기 때문이다. 나는 그들의 문화적 역사를 분할적 방법으로 접근했다. 나는 모든 것을 따로 떼어내서 다시 그것을 하나의 통일된 체계로 재구성하려 했고, 모든 부분들을 하나의 체계적인 전체 속에 분류해 넣으려고 시도했다. 그러나 반면에 애프인들은 각각의 이야기가 갖는 전체성과, 사회적이고 정치적인 교훈들, 그리고 그것이 내포하고 있는 논쟁점들에 관심을 갖고 있었다. 한 이야기의 부분은 다른 이야기 속에 연관될 수 없었다. 각각의 이야기는 그 자체로서 완전한 것이었다.

분석적(이분법적) 사고방식과 총체적 사고방식

메이어스는 사고방식에 있어서 뚜렷한 두 성향을 구별했다. 즉 분석적 사고방식과 총체적인 사고방식이 그것이다. 분석적 사고방식은 개개의 문제와 상황들의 특수성에 초점을 맞추는 분석적인 사고유형으로서, 옳고 그름의 흑백논리로 귀결되는 경향이 있다. 이러한 사고방식은 상세한 부분들을 조사하고 분류하며 그것들 사이의 인지된 순차적인 관계에 근거하여 판단한다. 이러한 사고방식의 예로는 단어를 음절로 나누어 읽는 음성학적 기술, 글자 짜맞추기나 단어 퀴즈 게임 같은 놀이들, 그리고 성서 단어연구나 문장도해 및 구문연구와 같은 연구법 등이 이에 속한다. 총체적 사고방식은 부분들이 전체 상황으로부터 분리되지 않는 사고유형이다. 총체적인 사고방식을 지향하는 사람들은 전체가 부분들의 집합보다 크다고 생각하며, 전체 속에서 인지된 상호관계를 토대로 판단한다. 이러한 사고방식에는 단어들을 전체적 단위로 보고 읽고 말하는 기술, 바둑이나 장기와 같은 놀이들, 그리고 암기나 모방 또는 도제(apprentice) 제도와 같이 직접참여에 의한 기술 습득 같은 학문방법론 등을 들 수 있다.

미국문화에서는 분석적 사고방식과 총체적 사고방식 모두를 발견할 수 있다. 어떤 미국인들은 한 특정한 행위를 평가하기를 주저하고, 대신 그 사람의 전체 행동을 평가하기를 선호한다. 대조적으로 어떤 사람들은 단지 특정한 행위에 대하여 판단한다. 우리들은 다음의 경우에서 볼 수 있듯이 자신을 지배해 온 사고방식에 의하여 타인을 평가하는 경향이 있다. 잘 알려진 신학교의 한 간부가 그의 여비서를 무릎 위에 올려놓고 있는 것을 들킨 일이 있었다. 그 기관의 일부 사람들에게는 그와 같은 행동은 그의 사역을 파괴하고 그가 이전에 이룩해 놓았던 모든 것들을 퇴색시키는 것이었다. 그들에게 있어 그는 부도덕한 사람이었으며 무가치하고, 이제까지의 그의 경력은 끝장이 난 것이었다. 그들은 일종의 '분석적 가치성향'이라고 부를 만한 반응을 보인 것이다. 이 경우에 중요한 것은 흑이냐 아니면 백이냐 하는 점이며, 그 간부는 단지 그 하나의 사건에 의하여 판단된 것이다. 그 사건을 알고 있는 총체적인 사고방식을 지향하는 사람들은 그 사건을 다르게 보았다. 그들은 그 단 하나의 행동에 근거하지 않고 그의 전 경력을 토대로 하여 그를 판단했다. 더 나아가서 그들은 우리 모두가 죄인이며 언젠가 타락할 수 있다는 점

도표 3. 분석적 사고방식과 총체적 사고방식

분석적 사고방식	총체적 사고방식
1. 판단은 흑/백, 옳으냐/그르냐로 내려진다. 특정 기준이 다른 사람을 평가할 때 일정하게 적용된다.	1. 판단이 개방적이며, 모든 환경과 모든 사람을 고려에 넣는다.
2. 자기가 옳으며, 사회에서 특수한 역할이나 범주에 적합하다고 느끼는 감정에서 안정은 온다.	2. 전체사회에서 갖는 복잡한 상호관계에서 안정이 온다. 즉 특정역할이나 범주에 규정될 때 사람들은 불안정해진다.
3. 정보와 경험이 체계적으로 조직화되어 있다. 즉 각 항목들이 분류되고 정리되어 명확한 유형을 형성한다.	3. 정보와 경험은 잘 조직화되어 있지 않은 듯 보인다. 즉 각 항목들(이야기, 행사, 인물묘사 등)이 그 자체로서 완전한 독립적인 지위를 갖는다.

을 지적했다. 그들은 다음과 같이 물었다. "그는 자신의 죄를 회개했습니까?" 그들은 그가 회개한 것을 보았을 때 다른 기독교 조직에서 일할 수 있도록 추천해 주었다. 총체적인 사고방식의 관점에서 보았을 때 그 간부의 실수는 그의 전 인생의 한 특정 시점에서 저질러진 것이며, 그것이 목회자로서 기독교에 봉사할 수 있는 그의 전 인생을 파괴시킬 만한 것은 아니었다.

분석적 사고방식은 사람들을 특정한 역할로 구분하는 경향이 있다. 일단 어떤 사람에게 딱지가 붙게 되면, 비록 그것이 그 사람에 대한 정당한 평가가 아니라 하더라도 그 딱지는 그 사람의 성격과 위치를 규정하게 된다. 어떤 사람들은 결점과 부정적인 면을 가지고 있음에도 불구하고 단지 그 점이 세상에 알려지지 않았다는 이유만으로 좋은 딱지가 붙을 수 있는 것이다. 반면에 총체적으로 사고하는 사람들은 찬성과 반대의 양면을 모두 견지하려고 하는 경향이 있다. 그들은 결점이 없는 것처럼 보이는 사람들을 약간은 의심스런 눈으로 보며 결점을 비난하는데 있어서 온유한 편이다.

애프족은 타인을 평가하는 데 있어서 분명히 총체적인 입장을 가지고 있다. 거의 100명에 가까운 남성들과 50명에 가까운 여성들과 연속적인 면담을 하면서, 나는 각 사람에게 애프섬에 살고 있는 사람 중에 그들이 존경하는 사람이 누구냐고 물어 보았다. 대대수의 사람들은 아무도 없다고 응답했다. 나는 미국인이었기에 그와 같은 대답에 당혹하였고, 왜 그런지 물어 보았다. 그에 대한 일반적인 대답은 모든 사람들이 무엇인가 나쁜 행동을 하기 때문이라는 것이었다. 만일 누군가가 통치자가 이룩한 업적에 대해서 칭찬한다면 사람들은 다음과 같이 말할 것이다. "예, 그렇습니다. 그러나 그 사람이 그의 아내에게 한 행동을 알고 계십니까? 그가 젊었을 때 저지른 그 사고에 대해서는 어떻게 생각하십니까? 당신도 알고 있다시피 그도 우리와 비교해서 더 낫다고 할 수는 없습니다."

총체적인 사고방식을 가진 사람들과 분석적 사고방식을 가진 사람들 모두 똑같이 부정적인 가치판단을 내릴 수도 있다. 그러나 그 이유는 서로 다르다. 분석적 사고방식을 가진 사람들이 특정한 실수에 근거하여 거부감을 나타내는 반면, 총체적인 사고방식을 가진 사람들은 누구나 실수를 할 개연성이 있다는 이유로 해서 모든 사람들에게 흠이 있다고 말할 것이다. 양자는 모두 자신의 가치성향에 의해서 거부감을 표시한다. 그러나 여기에서 중요한 윤리적인 문제는 사고하는 방식이 아니라 그러한 방식에 의해서 우리가 어떤 행동을 하는가에 있다. 개인적인 결점이나 죄를 들어서 자신의 동료를 거부하거나 비방하는 그리스도인들은 분석적으로 사고하든 총체적으로 사고하든 가치판단의 문제를 자신의 손 안에 있는 것으로 간주하는 것인데, 그와 같은 비판적인 태도는 어느 공동체에서나 사회를 분열시키고 파괴하는 세력이 된다.

뇌의 2분론

분석적 사고와 총체적인 사고방식의 차이점은 아마도 인간의 뇌에 있어서 사고 과정의 배분에 연유하는 것인지도 모른다. 인간의 뇌는 뚜렷이 구분되는 두 개의 반구로 이루어져 있다. 양쪽 반구의 기능에 대한 수많은 연구들이 이루어졌으며, 더욱 많은 연구가 진행되고 있다. 인간의 뇌는 극도로 복잡하여 초기의 몇몇 연구들은 지나친 단순성 때문에 배척되기는 했지만, 어떤 특정한 작용은 어느 한쪽의 반구에서만 우세하게 일어나는 것처럼 보이는 것은 사실이다. 폴 베이컨(1971)과 로살리 코엔(1969)은 사고작용이 다음과 같이 나누어져 있다고 제의했다.

좌반구	우반구
언어적	신호적-영상적
이성적	감성적
분석적	종합적(총체적)
계량적	유추적

두 개의 반구는 경화체(corpus callosum)로 알려진 세포조직으로 연결되어 있는데, 경화체는 양쪽 반구간의 상호작용을 이어 주는 역할을 한다. 정신질환자들을 치료하는 데 있어 의사들은 때때로 경화체를 절단하는 방법을 사용한다. 그 결과 "분리된 뇌"는 서로 상호작용을 할 수

없게 된다. 그러한 환자들을 연구함으로써 뇌의 각각의 반구가 하는 서로 다른 기능에 대하여 더 잘 이해할 수 있게 되었다. 예를 들어 분리된 뇌를 가진 환자들에게 왼손으로 어떤 물체를 만지게 하고 무엇인지 물어 보았다. 그 환자는 비슷하게 이야기할 수는 있었지만 그 물체의 이름은 댈 수가 없었다. 반면에 그 물체를 오른손으로 만지게 했을 때 그는 아무런 어려움없이 그것을 판별할 수 있었던 것이다.

대부분의 사람들에게 있어 언어표현의 중추는 좌반구에 있는데, 오른손을 지배하는 신경중추 또한 이곳에 있다. 그 환자가 왼손으로 물체를 만졌을 때 좌반구에 있는 언어중추는 언어로 표현해야 하는 어떠한 정보도 얻을 수 없었던 것이다. 우측 뇌는 물체의 형태를 비슷하게 파악할 수는 있지만 경화체의 도움이 없이는 그 영상을 언어작용이 일어나는 좌측 뇌로 전달할 수 없었던 것이다.

뇌의 양쪽 반구는 건강한 삶을 위해서는 필수적이다(분할된 뇌는 제대로 기능하지 못한다). 그리고 두 형태의 사고방식 모두 각각의 개인과 문화에 유익하다고 주장할 수 있다. 유명한 음악가의 뇌를 연구한 결과 창의력에는 양쪽 반구 모두를 사용하는 복잡한 상호 정보교환이 필요하다는 것이 증명되었다. 충격이나 사고로 인하여 부분적인 뇌의 손상을 입은 음악가들은 비록 음악적인 기술은 손상을 입지 않았더라도 창의력을 잃어버렸던 것이다. 건강한 사람은 뇌의 양쪽 반구를 모두 사용하지만 일반적으로 어느 한쪽이 다른 쪽보다 우세한 경향이 있다. 단순한 차원에서 볼 때 사람들은 영상을 통한 사고와, 언어를 통한 사고 중에서 어느 쪽이 우세한가에 따라 다르다. 좌측 반구가 우세한 사람들은 일반적으로 음성적이거나 언어적인 형태로 사고하는 반면, 우측 반구가 우세한 사람들은 구체적인 모습이나 기호적이고 사진적인 영상의 형태로 사고한다. 어느 한 형태의 사고가 다른 형태의 사고를 완전히 압도할 때 사람들은 기능을 상실하게 될 것이다.

다음의 일화는 우측 반구가 우세할 때 양쪽 반구 사이의 상호작용의 예를 보여주고 있다. 공부를 위하여 미국에 온 지 얼마 되지 않은 애프족의 10대 소녀가 자신의 집 근처에 있는 해변가의 모래톱에 있는 우물에 관한 전설을 애프족 언어로 장시간 상세하게 이야기해 준 적이 있었다. 그후 3년이 지난 뒤에 이번에는 똑같은 이야기를 영어로 다시 이야기해 주었다. 두번째 이야기할 때, 때때로 소녀는 적당한 영어 단어를 찾아내려고 애쓰곤 했다. 나는 그녀에게 애프족 언어로 이야기하라고 했지만 그녀는 3년 동안 애프족 언어를 사용하거나 들어 보지 못했기 때문에 애프 어휘를 기억해 낼 수 없었다. 그녀는 그 이야기를 먼저 마음 속으로 그리고 난 다음 기억에 생생한 장소와 행동을 표현할 수 있는 단어를 찾고 있노라고 말했다. 그녀가 사용하던 최초의 언어인 애프어가 좌측 반구의 기억에서 희미해진 반면 그 이야기의 영상은 그녀의 우측 뇌에 생생하게 남아 있었던 것이다.

특정문화에서의 사고유형

많은 인류학자들은 문화를 개개인들이 창조해 낸 집합적 산물로 보고있다. 문화를 이와 같이 이해하면서 서구문화와 비서구문화(예를 들면 히브리문화)의 차이점을 비교해 본다면, 최근의 서구문화의 발달이 주로 분석적이고 이분법적인 사고방식을 지닌 사람들의 영향으로 이루어진 반면, 히브리문화나 다른 비서구문화는 주로 종합적이고 총체적인 사고방식을 가진 사람들에 의하여 영향을 받았다.

인류학자인 토마스 글래드윈(Thomas Gladwin)은 마이크로네시아에 살고 있는 투르크족과 서구인의 항해상의 문제를 해결하는 방식을 대비시키고 있다. 쿠르크족은 상황을 평가하는데 있어서 매우 구체적이지만, 찾아낸 해결책이나 그것에 도달하기까지의 과정을 언어화시키지 못한다. 반면에 서구의 항해사들은 과정에 있어서는 매우 추상적이지만, 취해진 조치들의 논리성과 합리성을 자유롭게 언어화시킬 수 있다. 안토니 파레데스(Antony Paredes)와 마르커스 헵번(Marcus Hepburn, 1976)은, 투르크족은 우측 뇌를 이용하여 사고하고 서구의 항해사들은 좌측 뇌를 이용하여 사고한다고 주장한다. 그리고 그러한 사고유형은 자신의 선조들로부터 배운 것이라고 한다.

성서의 예언서와 사도 바울의 서신 사이의 차이점에 대해서도 비슷한 설명을 할 수 있다. 이사야, 예레미야, 에스겔, 그리고 소선지서들은 특정한 역사적 사건을 기술하거나 또는 독자들을 위하여 환상들을 세세한 부분까지 구체적으로 묘사하고 있다. 반면에 사도 바울은 그가 설득하고자 하는 사람들을 확신시키기 위하여 관념적이며 때때로 이해하기 힘든 논리(롬 4-5)를 펴고 있다. 사도 바울은 히브리 예언자들의 특징인 형상적이고 구체적이며 감성적인 사고방식보다는 희랍의 철학자의 특징이었던 언어적이며 관념적이며 합리적인 사고방식을 사용했다고 할 수 있다.

조직신학의 전통은 희랍의 철학적 시각으로부터 발달했으며, 현대의 서구 학파들은 사전적이고 문법적인 연구를 위하여 컴퓨터 기술을 이용함으로써 극단적으로 분석적이 되고 있다. 그러한 연구의 결과는 방법론이나 조직적 논리의 한정적 구조에 의해 결정될 것이다. 조직신학의 대안으로서는 하비 콘(Harvie Conn, 1984)이 성서신학이라고 부르는 것이 있다. 이러한 접근방법은 분석적이기보다는 어느 정도 종합적이며, 각각의 성경 저술들을 "신의 계시"의 전체성에 대한 또다른 시각을 나타내는 독특한 기록물로서 연구한다. 이러한 전통은 히브리인들의 사고방식의 특징이며 대부분의 비서구적 문화에 공통으로 나타나는 것이다.

비록 뇌의 한쪽 반구가 우세하다는 것이 각 개인과 문화의 창의력을 제한하지만, 일반적인 경향은 극단을 향하고 있다. 서구의 분석학파와 교파가 구체적이며 감성적이고 종합적인 사고방식을 지닌 사람들을 억압하는 반면, 애프, 투르크, 그리고 전통적인 아프리카 집단과 같은 비서구적 문화는 분석적이고 관념적인 사고방식을 지닌 사람들을 억압한다. 이것이 아마도 라틴 아메리카에서 합리적이고 분석적인 접근방식을 갖는 가톨릭과 복음주의적 신교가 잠식당하고 오순절파 기독교(Pentecostal Christianity)가 확산되는 한 원인일지도 모른다.

예수의 모본

선교사나 목회자들이 직면하는 도전은 그들이 활동하고 있는 지역 주민들의 마음과 문화에 어울리게 생각하는 법을 배우는 것이다. 예수의 생애와 활동이 그 예를 다시 한번 보여 준다. 우리는 이미 예수께서 당대의 문화 속에서 성장하였고, 주위 사람들에게 공통되는 모든 학습과 사회적 활동에 참여했다는 점을 살펴보았다. 예수는 이런 점에서 너무나 평범했기 때문에 고향 사람들이 그분의 가르침과 사역을 받아들이기를 거부했던 것이다(마 13:54-58).

위의 예는 예수께서 유태인의 생활과 문화에 익숙했음을 보여 주고 있다. 예수는 유대사회의 빈부차별, 정치적 파당과 종교적 분파, 그리고 이러한 집단들 내에서의 위계질서 등과 같은 당대의 사회구조를 명확히 이해하고 있었다. 예수는 유대인의 종교적인 관습과, 이러한 관습이 개인적인 명성이나 경제적 이득을 위해서 남용되는 방법에 대하여 너무나 잘 알고 있었다. 예수는 유대인들보다 성경을 더 잘 이해하고 있었는데, 그것은 예수께서 초인적인 통찰력을 갖고 있었기 때문이 아니라 성경을 연구하고 배우는 데 있어 그분의 지각이 개인적인 죄로 인해 더럽혀지지 않았기 때문이다.

예수는 유대인의 생활과 문화를 이해하고 있었을 뿐만 아니라 그들의 심리작용도 간파하고 있었다. 예수께서 선택한 12제자는 결코 교육을 받은 엘리트가 아니었다. 예수의 죽음과 부활 이후의 사도인 바울만이 그러한 계층의 출신이었다. 12제자는 모두 평범한 사람들이었으며, 우리가 알고 있는 한 단지 그들이 종사했던 직업의 교육을 받았을 뿐이다. 그들의 저술에서 나타나듯이, 그들은 일반적으로 우리가 총체적인 사고방식을 가진 사람이라고 말하는 그런 유형의 사람들이었다.

증거는 명확하지 않지만 복음서들은 예수의 가르침에서 나타나듯이 예수는 좌측 뇌를 사용하는 언어적이고 관념적이며 이분법적이고 분석적인 사고보다는, 우측 뇌를 사용하는 영상적이고 구체적이며 총체적이고 유추적인 방법을 사용했다는 것을 보여 준다. 예를 들어 마태복음에서 이용된 기법 중의 하나는 구체적인 유추의 방법이다. 마태복음 5장 13-14절은 그리스도인들을 빛과 소금에 비유하고 있다. 맛을 잃은 소금과 등경 밑의 등불은 가치가 없는 것이다. 마태복음 16장에서 예수는 바리새인들의 가르침에 대하여 누룩의 비유를 들고 있다. 요한복음에서 예수께서 자신을 "선한 목자", "생명수", "생명의 떡", 그리고 "포도주"로 표현하고 있는데, 이 모든 것들은 자신에 대한 진리를 전달해 주는 의미심장한 유추인 것이다. 예수께서 선택한 모든 유추의 대상물들은 그의 메시지를 듣는 모든 사람들에게 친근한 유대문화의 일상적인 것들이었다.

비유는 더 복잡한 형태의 유추이다. 예수는 특별한 진리를 명확히 가르치기 위하여 비유를 들었다. 각각의 이야기들은 씨를 뿌리는 일, 밭에서 가라지를 뽑는 일, 포도밭의 일꾼들에게 삯을 주는 것, 결혼식에 참석하는 것과 같은 당대의 일상적인 사건을 묘사하고 있다. 만일 이야기의 주제가 때때로 청중들이나 12제자들에게 명확하게 인식되지 않으면 예수는 그 의미를 보다 상세하게 설명하곤 했다.

영적 진리를 가르치기 위해서 예수가 사용한 다른 방법은 당시의 사건들에 초점을 맞추거나 자신이 직접 문제를 야기시키는 방법이었다(예를 들어 안식일에 병자를 치료하는 것). 마태복음 9장에서 예수는 자신의 가르침이 전통적으로 유대문화를 받아들이는 사람들에게 수용될 수 없음을 강조하기 위하여 금식의 문제를 들고 있다. 마태복음 12장에서 예수는 하나님의 긍휼이 우선하는 것과 자신이 안식일의 주인임을 가르치기 위하여 안식일에 밀 이삭을 잘라먹는 것과 병을 치료하는 것과 같은 문제들을 들고 있다. 예수는 수시로 당시의 사회적 부정에 대하여 언급한다. 예수는 산상수훈에서 외적 행동보다 내적 동기에 초점을 맞춤으로써 율법을 문자적으로 적용하는 것을 공격하고 있다. 즉 예수는 분냄과 살인, 그리고 정욕과 간음을 동일시하고 있으며, 맹세보다는 진리를, "눈에는 눈"이라는 원칙보다는 자비를 강조하고 있다. 예수는 세금, 결혼, 이혼, 기도, 노인 공궤와 같은 문제들에 대해서 언급하고 있으며, 의(義)와 자비 그리고 신(信)과 같은 보다 중요한 것들을 희생시키면서 정치적이고 경제적인 힘을 획득하기 위하여 투쟁하는 것에 대하여 언급하고 있다(마 23:23). 예수는 이와 같은 각각의 문제들에 관해 언급하면서 자신의 관점을 납득시키기 위하여 다음과 같은 구절에서 보듯이 강력하고도 구체적 예화와 인상적인 언어(verval images)를 이용하고 있다. "소경된 인도자여 하루살이는 걸러내고 약대는 삼키는도다"(24절), "잔과 대접의 겉은 깨끗이 하되 그 안에는 탐욕과 방탕으로 가득하게 하는도다"(25절).

예수와 복음서 기자들이 많이 사용한 또 다른 교수방법은 개인의 사례연구 방법이다. 마태복음 8-9장에 나타나는 일련의 사례연구들은 예수의 치유의 기적을 보여 주고 있다. 각각의 사례들은 다른 인물과 문제들을 중심으로 삼고 있으며 독특한 영적 적용을 제시하고 있다. 그 외에도 그리스도의 개인적인 사역활동을 보여주는 사건들, 즉 폭풍우를 잠잠케하고, 오천 명을 먹이고, 산 위에서 형상이 변화되고, 예루살렘에 입성하고, 성전을 정화하는 것과 같은 사건들을 전해 주고 있다.

복음서의 이야기들이 주는 영향은 구체적이며 총체적이다. 예수는 자연이나 전통 그리고 일상생활로부터 끌어낸 예를 이용하여 계속되는 강력한 이미지로 자신이 전하고자 하는 의도를 관철하고 있다. 예수의 가르침을 듣는 사람들은 대수학적인 분석보다는 기하학적인 직관을 가지고 생각해야 한다는 도전을 받게 된다. 예수는 질문을 던지고 그 해답을 주는 것을 거부한다. 예수는 당시의 기성지식을 논박하고 성경이 어떻게 일상생활에 적용될 수 있는가 하는 점에 대하여 깊은 통찰력을 가지고 청중들과 만나고 있다.

찰스 크래프트(Charles Kraft, 1983 : 23)는 예수의 접근방법을 "수용자 중심적이며 개인적"이라고 간결하게 요약하고 있는데, 그것은 기독교 사역에서 우리가 목표로 삼아야 할 의사소통 방법의 전형이라고 할 수 있을 것이다. 만일 예수께서 얘프섬에 온다면, 얘프족이 생각하는 방식대로 생각하는 법을 배울 것이다. 그들의 대화에 귀를 기울이고, 현재의 사회와 문화를 관찰하며, 그들의 세계관과 인생관을 체득하려고 할 것이다. 그리고 나서 이야기를 주고받고, 얘프족이 가르치는 방식에 따라 가르치고, 특정 진리를 논증하기 위하여 비유와 사례를 들고, 서로 앉아 토론하며, 질문을 던지고, 그 해답에 대하여 논쟁을 벌이며, 하나님 말씀의 진리에 눈을 뜨게 만들고 자신에 대한 불신과 저항감을 완화시켜 줄 예증들과 유추들을 그들의 경험과 전통 그리고 신념으로부터 이끌어냈을 것이다.

초문화 사역을 위한 시사점

우리는 사람들이 뇌의 작용에 있어서 어떻게 다른가를 어느 정도 살펴보았다. 어떤 사람들은 좌측 뇌가 우세하게 작용하는 분석적 사고방식을 보여 주고 있고, 어떤 사람들은 우측 뇌가 우세하게 작용하는 총체적 사고방식을 보여준다. 더 나아가서 우리는 이러한 사고방식의 차이가 결정적으로 다르고, 때로는 반대되는 가치성향을 만들어 낸다는 것도 알게 되었다. 분석적 사고방식을 가진 사람들은 명확하고 흑백논리적인 결과를 요구하며 원칙의 보편적인 적용을 고집한다. 그리고 그들의 인식이 정당한 것으로 받아들여지지 않으면 안정감을 느끼지 못한다. 이와 같은 독특한 사고유형은 예수께서 사역을 하는 동안 계속적으로 예수에게 도전했던 유대인 지도자들에게서 전형적으로 나타난다. 그것은 또한 지난 세기에 중국에서 혁신적인 생활과 사역을 했던 허드슨 테일러(Hudson Taylor)에게 도전했던 많은 선교사들의 전형적인 모습이었다.

총체적인 사고방식을 가진 사람들은 대부분의 문제를 검은색이냐 흰색이냐 하는 식으로 보지 않고 회색(언제든지 토론할 수 있는 것)으로 본다. 그들은 모든 정황들을 조사하고자 한다. 그들은 각각의 상황을 독특한 것으로 믿으며 제도화된 절차나 엄격한 규칙의 적용 등에 대하여 좋지 않게 생각한다. 그들은 어떤 문제에 관하여 특정의 입장이나 역할을 취하라고 강요당하기를 거부한다. 이와 같은 사고방식이 전통적인 유대교 율법에 완고하게 집착했던 종교지도자들을 다루는 데 있어서의 예수의 특징이다. 예를 들어 누가복음 20장에서 유대 지도자들이 예수의 권위의 원천에 대하여 질문했을 때, 예수는 요한의 권위와 질문자의 성품을 포함하도록 질문을 확대시키고 있다(3-4절, 9-19절). 예수는 그들로 하여금 자신의 사역활동의 전체상황과 같은, 다른 관련된 문제에 대하여 고찰하도록 강요했다. 허드슨 테일러는 그의 동료 선교사들에게 똑같은 요구를 함으로써, 그들이 중국인들의 기대와 자신들의 전체 사역활동에 대하여 고려해 보도록 요구했다.

다른 문화 속에서 활동해야 하는 선교사는, 사람들이 매우 다른 방식으로 타인을 평가한다는 것을 깨달아야 한다. 회교도들은 회교의 엄격한 분석적인 원칙과 그들 사회에서 그가 차지하는 역할에 따라 이방인을 판단할 것이다. 애프족들은 역할에 의해서가 아니고 전인격에 따라 다른 문화권의 사람을 평가하는 것이다. 그들은 이방인의 모든 행동과 전체적인 상호관계를 관찰할 것이다. 애프족은 아무리 훌륭한 일을 하더라도 결점과 단점을 재빨리 찾아내어 퍼뜨릴 것이다.

애프족의 사고방식은 미국 문화와 사회의 사고방식과 뚜렷하게 대조를 이룬다. 미국인들은 사람들을 그들의 역할수행에 근거하여 평가한다. 미국인들은 교사를 평가하는 데 있어서 그들의 가족에게 어떻게 하는가 하는 점보다는 교실 안에서의 짧은 시간 동안 어떻게 행동하는가 하는 점에 기초하여 좋고 나쁘다는 판단을 한다. 더 나아가서 미국인은 다른 사람을 관찰할 시간적 여유나 기회를 가질 수 없기 때문에 다른 사람에 대하여 인격적인 측면을 알지 못한다. 우리는 사람들이 그들의 아이들이나 배우자를 어떻게 다루는지, 그들이 아침에 일어나서 무엇을 하는지, 그리고 사적으로 어떻게 행동하는지에 대해서는 보지 않는다. 우리는 개인을 그들이 수행하는 역할로써만 본다. 분석적인 사고방식을 가진 사람들이 행동의 특정한 면만을 근거로 하여 사람들을 좋아하거나 싫어하는 반면, 총체적인 사고방식을 가진 사람들은 그 사람을 안다고 느낄 때까지 판단을 유보한다.

우리의 사고방식에 따라 사람을 어떻게 판단할 것인가 하는 점에 대하여 일정한 경향을 띤다. 분석적인 사고방식을 가진 사람들은 총체적인 사고방식을 가진 동료들의 불명확한 모호성을 거부하며, 그들은 유약하며 원칙이 없고, 일관성이 없다고 비난한다. 총체주의적 사고방식을 가진 사람들은 분석적인 사고방식을 가진 동료들의 엄격함을 거부하며 그들의 율법지상주의와 냉혈적인 몰인정을 비난한다. 그러나 그와 같은 거부감은 단지 우리들의 제한된 시각에서 나오는 것이다. 이것이 예수께서 마태복음 7장 1절에서 "남을 판단하지 말라, 그렇지 않으면 너희 또한 판단을 받을 것이다"라고 경고한 이유이며, 바울이 "나는 나 자신조차도 판단하지 않는다"(고전 4:3)라고 말한 이유이다. 이와 대조적으로 예수는 우리의 마음을 알고 있다. 즉 바울이 말했듯이 예수만이 인간을 판단하며(롬 2:16, 고전 4:4-5), 특정사역의 유효성을 판단할 것이다.

우리 가정과 교회 그리고 선교활동의 가장 큰 문제점 중의 하나는 우리가 종종 다른 사람들도 우리가 하는 방식대로 생각하고 판단해야 한다고 고집하는 것이다. 우리는 사랑으로 서로를 받아들이기보다는, 우리 주위의 사람들을 우리 자신이 원하는 모양으로 바꾸려고 노력한다. 이와 같은 경향은 우리 이웃의 방식대로 생각하기를 요구하는 성육신의 원리에 어긋나는 것이다. 분할된 뇌는 온전히 기능하지 못하는 뇌라는 것을 기억해야 하며, 신체의 각 부분은 하나님의 관점에서 볼 때 중요한 것이며, 전체가 하나가 되는 것이 하나님을 기쁘시게 하는 것임을 기억해야 한다(고전 12:12-13, 시 133).

5. 위기와 긴장

애프섬에서 지내던 1979년의 어느 토요일 아침이었다. 나는 책을 읽으면서 라디오에서 나오는 음악을 듣고 있었는데, 갑자기 정규 방송을 중단하고, 그 날 아침 일찍 애프섬 동쪽, 수백 킬로미터 떨어진 월래이 지역에서 태풍이 발생했다는 안내방송을 했다. 폭풍이 애프섬을 향해서 이동 중이며 월요일 아침쯤에는 상륙하리라는 것이었다. 거기서 12년 전에 폭풍을 경험했던 것을 기억한 나는 책을 덮어두고 아내를 찾아 그 소식을 전했다. 반 시간 후에 라디오 아나운서는 경고방송을 반복했고, 그 방송을 들은 나는 마을로 가서 해안가에 있는 제재소에서 일하는 애프인 친구들에게 경고를 해야겠다고 생각했다. 이들 중 두 사람은 주 중에 마을에서 일을 했기 때문에 토요일에는 재목을 자르느라고 열심히 일을 했다. 폭풍이 월요일쯤에 상륙하리라는 것을 그들에게 알려 줬을 때 그들은 다음과 같이 대답했다. "아무런 문제도 없습니다! 태풍에 대해서는 내일 준비하면 됩니다." 그들은 일을 계속했으며 나는 집으로 돌아왔다.

점심식사 후에 나는 라디오를 다시 켜서 아나운서가 예보하는 것을 들었다. 기상대는 태풍이 예상보다 빨리 이동하고 있으며 애프 섬에는 일요일 오후에 도착하리라고 예보했다. 나의 걱정은 더 커졌다. 그래서 이웃으로 달려가 태풍이 온다는 방송을 들었냐고 물었다. 그는 "아, 태풍은 오지 않아요. 라디오에서 듣는 것을 다 믿을 수는 없어요. 그것에 대해서 걱정하지 마세요. 태풍이 오면 내가 당신에게 알려 줄께요"라고 말했다. 그래서 나는 집으로 돌아왔고, 내 친구들과 이웃 사람은 그들의 일을 계속했다. 그러나 나는 그들처럼 마음이 편치 않았다. 그래서 나는 밀려오는 파도가 내다보이는 현관에 앉아서 지난번 폭풍 때 파도가 밀려와 방파제 꼭대기까지 덮었던 것과, 우리 집이 있는 곳을 뒤덮었던 것 등을 기억했다. 평상시 밀물은 꼭대기 근처까지 오지만 결코 넘치는 일은 없었다.

일요일 오후 4시 반쯤 현관에 앉아서 해안을 바라보고 있을 때 파도가 방파제 꼭대기를 살짝 씻고 지나갔다. 지체하지 않고 나는 집안으로 달려가서 태풍이 몰려왔다고 말하고 아내에게 필요한 물건을 챙기라고 했다. 나는 차에 뛰어올라 높은 지대로 운전해 갔다. 500미터도 가지 못해서 바닷물 속을 뚫고 운전을 해갔다. 한 친구의 집 뒤에 있는 높은 지대로 안전하게 차를 대놓은 후에 해안으로 달려갔다. 거기서 나는 허리까지 물이 차는 곳에서 대형 제재톱 엔진을 꺼내오려고 무진 애를 쓰고 있는 친구들을 발견했다. 우리가 엔진을 끌어내서 픽엎트럭에 싣는 순간 파도가 우리를 덮쳤고, 트럭에 물이 가득 차게 되었다. 기적적으로 트럭은 움직였고, 우리는 겨우 트럭을 이동시켜서 그 집 뒤의 높은 지대로 피신하였다. 태풍이 오면 알려주겠다고 했던 그 이웃사람은 결코 그럴 여유가 없었다. 그는 다른 모든 사람들과 마찬가지로 물 속에서 건져낼 수 있는 것은 건지려고 안간힘을 쓰고 있었다.

폭풍이 지나간 후, 금요일 저녁, 고원의 높은 곳에 위치한 해안 경비대를 지날 때 나는 그곳의 모든 창문이 합판으로 튼튼하게 막혀 있는 것을 보았다. 애프인들과 나는 그 때까지 폭풍에 관해서 아무 것도 듣지 못했기 때문에, 이것을 무시하였다. 그러나 해안 경비대는 그 지역의 장기 일기예보를 청취했고, 뉴스가 라디오에서 나오기도 전에 조기경보를 받아서 모든 필요한 예방조치를 취해 놓았던 것이다. 우리가 바람과 파도 속에서 안간힘을 쓰는 동안 해안 경비대 사람들은 높은 곳에 있는 콘크리트 건물 안에서 안전하게 영화를 보고 있었다.

위기의식성향 대 비위기의식성향

위의 폭풍우 사건은 잠재적인 위기에 대해 아주 다른 두 태도를 예시해 준다. 해안 경비대의 전략은 메이어스가 위기의식성향이라고 부르는 것의 예가 되며, 애프인의 대응자세는 비위기의식성향을 나타내 준다. 해안 경비대의 임무는 잠재적인 문제들을 찾아서 문제가 발생하기 전에 해결하거나 현존하는 위기를 신속하게 처리하는 것이다. 해안 경비대는 각각의 상황에 어떻게 대처할 것인가를 구체적으로 규정해 놓은 지침서가 있다. 이 지침서는 권위가 있어, 장교들이 각각의 위기 형태에 대응할 때 반드시 그 절차를 따르도록 규정해 놓고 있다. 지침서를 따르지 않는 장교는 문책을 당하도록 되어 있다. 그들의 위기의식성향 때문에 해안 경비대에 있던 사람들은 폭풍에도 상관없이 안전한 숙소에서 자유롭게 휴식을 취할 수 있었던 것이다.

애프인들도 예방절차에 대하여 잘 알고 있다. 왜냐하면 그 지방 정부가 태풍에 관하여 이와 유사한 지침서를 갖고 있기 때문이다. 그러나 대다수의 얘프인들은 비위기의식성향을 갖고 있어서 이러한 절차를 무시한다. 나에게 걱정할 것이 없다고 말하고 자기들 일을 계속한 내 이웃사람들처럼, 대부분의 얘프인은 위기가 발생할 가능성을 과소평가하고 가능한 한 오랫동안 어떤 문제에 대비하기 위한 행동을 취하려 하지 않는다. 그들은 위기가 임박했을 때 그 상황에서 찾을 수 있는 해결책 중에서 임기응변식 방안을 이끌어낸다. 그들이 바람과 파도 및 다른 위험들과 싸우면서 폭풍우 속에서 결정짓는 방안에 따라 픽엎트럭이나 대형 제재톱엔진을 건져낼 수도 잃어버릴 수도 있다.

    미국인의 생각에는 해안 경비대의 전략이 더 실제적인 것처럼 보이지만, 얘프인 역시 그들의 행동에 대한 타당한 이유를 갖고 있다. 한 해에 두세번의 폭풍이 섬을 강타하리라고 예보되지만, 가장 최근에 그들이 경험한 태풍은 12년 전인 1967년에 있었다. 그러나 얘프인들은 매년 최소한 20개의 태풍에 대한 경고를 받는다. 이렇게 태풍이 예측할수 없는 것이기 때문에 얘프인들은 기상대의 경고에 회의적이며, 닥쳐올지도 모를 태풍에 대비하기 위해서 해변에 있는 물건들을 치우고 집단속을 잘하는 등의 필요한 조치를 취하려 하지 않는다. 그들은 태풍이 닥쳐올 때까지 기다렸다가, 그 후에야 그들이 해야 할 것을 행한다. 때때로 그들은 완전히 무방비 상태에서 일을 당해, 나중에 정돈을 하려면 닷새 정도가 걸리기도 한다. 그러나 결국에는 사고없이 그냥 비껴갈 폭풍에 관한 경고들에 반응을 보이지 않음으로써 절약되는 노동량을 생각해 본다면, 장기적으로 볼 때 얘프인들의 태도가 한 발 앞선다. 그들은 폭풍이 진행되는 동안 약간의 것들을 잃게 되겠지만 기꺼이 그러한 대가를 받아들인다.

　애프인들은 이러한 비위기의식성향을 많은 생활영역에 확장시키며, 잠재적인 문제들은 그것들이 발생할 때까지는 무시하는 경향을 보인다. 예를 들어 어린아이가 학교에서 어려움이 있을 때, 많은 부모들은 문제가 심화되기 전까지는 아이를 훈계하거나 학교에 문의하려 하지 않는다. 이에 대한 복잡한 이유는 부모와 자식 간의 관계에 대하여 애프인들이 갖고 있는 생각에 그 뿌리를 두고 있다. 애프 사회는 부모가 자녀의 행동에 직접적인 책임이 있다고 강조한다. 부모의 양육에 대한 보답으로, 자녀들은 무조건적인 순종과 존경을 보이도록 요구된다. 그 결과 많은 자녀들은 그들이 학교에서 문제를 일으키거나 좋지 못한 행동을 하면 부모에게 죄스러운 마음을 갖는다. 부모가 아이의 문제를 알게 되면, 그들은 아이가 너무 부끄럽게 생각을 해서 학업을 중단하거나 달아날지도 모른다고 생각을 하기 때문에 아이의 문제에 간섭하기를 조심스러워한다. 어떤 아이들은 그들의 수치심이 과다하면 심지어 자살을 기도하기도 한다. 그러한 끔찍한 결과가 빚어질까봐 두려워하기 때문에 애프인들은 개인적인 위기를 별로 대수롭지 않게 여기면서 문제가 스스로 풀리기를 기다린다.

두 가지 형태의 위기관리

　실제의 위기를 관리하는 절차 역시 다르다. 위기의식성향은 구체적인 상황에 맞게 선정된 정확하고도 권위있는 절차를 강조한다. 예를 들어서, 해안 경비대 장교는 작전 지침서를 따르는데, 이것은 대부분의 상황에 대한 바른 절차를 제시하고 있다. 장교는 그러한 절차를 정확하게 따르면서 그것이 효과가 있을 것으로 기대한다. 사람은 해마다 바뀌지만 해안 경비대의 작전과 위기관리 방법은 계속 변하지 않고 남아 있다. 이러한 위기관리 형태가 모든 군대체제의 특징이다. 나의 해군 친구 하나는 한 특수한 함정에 있는 핵 발사장비와 그 구역의 안전을 책임지고 있었다. 훈련시에 그의 직속상관은 그의 위기대응능력을 시험해 보기 위해서 종종 이 금지구역을 위반하곤 했다. 매번 그는 그의 직속상관을 "사살"했으며 그의 업무수행은 만족스러운 것으로 평가되었다. 그러나 만일 그가 실패했다면 그는 문책을 받았을 것이다. 어느 날 밤 몇 명의 술취한 다른 배의 선원들이 경계를 넘어서 금지구역으로 침입했다. 경보가 울리고 출동한 군인들은 2분이 못 되어 그들을 잡고 무장을 해제시켰다. 그는 이 절차를 여러 번 연습했기 때문에 자동적이 되어 있었다. 반복훈련 덕택에 그는 실제 위기가 발생했을 때 효과적으로 대처할 수 있었다. 이러한 위기관리 형태는 극단적인 위기의식성향을 나타내는 것이다. 애프인들이 이러한 절차를 우리와 똑같이 배울 수 있다 하더라도 결코 자기들의 문화에 이러한 종류의 절차를 도입하려는 생각을 하지 않을 것이다.

    비위기의식성향은 경험에 초점을 맞춘다. 위기가 발생하면 비위기의식성향은 문제를 해결하기 위하여 여러 개의 해결방안 중에서 하나를 선택한다. 태풍에 대한 애프인의 반응은 하나의 실제적인 예가 될 것이다. 경험을 통해서 애프인들은 실제로 태풍이 오는 것보다 더많은 횟수의 경고를 받는다는 것을 알고 있다. 더욱이 태풍이 정말로 몰려올 때 태풍으로 인한 주요 영향은 태풍의 성질로 결정된다. 태풍이 높은 파도를 수반하면 애프인들은 대형 제재용톱엔진과 같은 물건들을 대비시켜 놓는다. 반면에 바람이 심하면, 그들은 바람에 날려가거나 다른 것에 피해를 입힐 만한 물건들을 안전히 대피시킨다. 그들은 가장 직접적으로 영향을 받는 대상물들을 보호함으로써 각각의 태풍이 갖고 있는 독특한 문제들에 대처를 한다. 예를 들어서 1967년에 나의 새 집은 몇몇 사람이 폭풍우 속에서 열심히 일을 해 준 덕에 무사했는데, 그들은 집에서 통나무를 제거해서 통나무가 파도에 밀려 집을 들이받지 못하도록 하였던 것이다.

서술형 생활방식과 의문형 생활방식

문화와 마찬가지로 개인 역시 위기에 대한 성향과 위기관리에 있어서 차이를 보인다. 비위기의식성향을 가진 사람들은 일이 닥쳐와야 생각을 하는 경향을 보인다. 그들은 문제가 있을 거라고 예상하거나 문제

도표 4. 위기의식 성향과 비위기의식 성향

위기의식 성향	비위기의식 성향
1. 위기를 예상한다.	1. 위기가 발생할 가능성을 과소평가한다.
2. 계획을 강조한다.	2. 실제 경험에 초점을 맞춘다.
3. 모호함을 배제하고 신속한 해결을 찾는다.	3. 행동을 취하려 하지 않고 결정을 유보한다.
4. 권위가 있고 사전 계획된 한 가지 절차를 반복해서 따른다.	4. 이용 가능한 여러 대안 중에서 임시방편적인 해결을 모색한다.
5. 전문가의 조언을 구한다.	5. 전문가의 조언을 믿지 않는다.

점을 찾아내려 하지 않는다. 그러나 위기의식성향의 사람들은 어떤 일에서나 문제성이 있는지의 여부를 조사하는 편이다. 비위기의식성향의 사람들이 낙관적인 경향을 보이는 반면에 위기의식성향의 사람들은 비관적인 편이다.

위기의식 지향적인 사람들은 메이어스가 "서술형 생활방식"(declarative life style)이라고 부른 생활방식을 따른다. 그들이 볼 때 위기는, 예상되는 문제에 대한 신중한 계획의 수립에 의해서 피해야 한다는 것이다. 서술형 인간은 전문가의 충고를 중시하며, 위기를 만났을 때 그 충고를 성실하게 적용한다. 위기가 발생하면, 그들은 그 문제를 해결하기 위해서 신속하게 대처한다. 더 나아가서 문제를 해결하는 효율적인 방법이 발견되면, 그들은 다른 새로운 방법을 찾기보다는 그 방법을 계속해서 사용한다.

비위기의식 지향적인 사람들은 메이어스가 "의문형 생활방식"(interrogative life style)이라고 부른 생활방식을 따른다. 그들의 위기관리 방식은 경험 위주이며, 복수의 방식과 대안 중에서 하나를 택한다. 이런 사람들은 매번 새로운 상황에서 나타나는 대안 중에서 하나를 결정하며, 그들의 위기관리 방식은 개방적이다. 그들은 자기들의 생활에 내재하는 애매함들을 묵인하고, 갈등이나 문제의 신속한 해결을 위해 상황이나 사람들을 몰아붙이지 않는다. 더 나아가서 자신의 경험으로 모든 상황을 해결할 수 있다고 생각하기 때문에, 그들은 전문가를 믿지 않는다.

선교회나 교회에는 두 종류의 사람 모두를 필요로 한다. 비위기의식 지향적인 관리자는 현재의 참모진과 자원으로도 모든 것을 다할 수 있다고 생각하는 낙관주의자이면서도 새로운 아이디어를 많이 갖고 있다. 그들은 잠재적인 문제와 실제적인 문제를 모두 무시하며, 종종 전문가의 충고를 구하려고 하지 않는다. 참모 중에 위기의식 지향적인 사람들은 관리자가 계획성이 없고 준비성이 없기 때문에 자주 실망하곤 한다. 예기치 못한 상태에서 위기가 발생하면, 위기의식 지향적인 사람들은 상황에 대한 예측도, 준비도 없었다는 점을 들어 불평을 한다. 그 때 생기는 스트레스가 자기들의 정신 건강과 신체의 건강에 나쁜 영향을 미친다면, 갈등상황에 빠진 사람들은 다른 사람의 영적인 헌신에 대해 의문을 품게 될 것이다. 어떤 사람들은 지도자의 위기관리 방식이 견디기 어려운 스트레스를 주기 때문에 조직을 떠나기도 한다.

위기의식 지향적 관리자들은 이와는 다른 문제를 안고 있다. 그들에게는 계획과 절차가, 관련된 사람들의 필요보다 우선한다. 조직의 업무는 꽉 짜여 있고 향후 수 년간 어떻게 성장하고 변모할지에 대하여 계획이 서 있다. 문제가 발생하면, 전문가의 조언에 따른 비상계획이 곧 시행되어 가능한 한 빨리 해결을 한다. 계획에 맞춰 일할 수 없거나 보조를 맞추지 못하는 사람들은 조직에서 무시되거나 위압을 당하며, 심지어는 해고까지 당한다.

자국 교회 지도자들과 외국 선교사들이 동역하려 할 때 이런 차이점이 훨씬 커질 수 있다. 왜냐하면 관리방식의 차이에서 오는 문제 이외에 문화적 갈등이 더해지기 때문이다. 이런 긴장은 다음의 사건에서 예시된다.

1979년 얘프섬에 밀어닥친 폭풍은 얘프 복음교회의 청소년회관에 약간의 손상을 입혔고, 지붕의 일부가 벗겨져서 아이들 교실로 사용되는 부분이 겉으로 노출되었다. 여선교사는 학습재료가 그곳에 보관되어 있어서 비가 온다면 다 못 쓰게 되기 때문에 거기에 매우 신경을 썼다. 그래서 그녀는 얘프인 목사에게 그것이 시급한 문제라고 보고를 드렸다. 목사는 동의를 했고, 관리자인 안드레에게 전갈을 보내서, 지붕을 수리하라고 하겠다고 말했다. 여선교사가 며칠을 기다렸지만 안드레는 나타나지 않았다. 그녀는 비가 올까봐 매우 걱정이 되었다. 더욱이 그녀는 지붕이 고쳐지기 전까지는 수업을 하고 싶지 않았다. 그녀는 다른 선교사들과 그 문제를 의논했고, 그들은 필리피노 건설회사와 접촉하기로 결정했다. 바로 다음 날 이 회사에서 사람들이 와서 신속하게 지붕을 수리해 놓았다.

얼마 되지 않아서 안드레가 그 소식을 듣고 깊은 상처를 받았다. 그가 생각하기에는 그 문제는 급한 것이 아니었다. 왜냐하면 폭풍이 지나가면 대개 수 주일 동안은 비가 오지 않기 때문이었다. 그의 집은 태풍으로 큰 손실을 입었지만 청소년회관의 지붕은 약간의 손상을 입었을 뿐이었다. 비가 오지 않을 것이기 때문에 더 큰 손실은 없을 것이다. 그래서 그는 얘프인 목사에게 다음과 같이 불평을 했다. "저는 이곳에 있는 모든 건물을 제 손으로 지었습니다. 수리가 필요할 때면 모두 수리를 했고, 이것도 제가 수리하려고 했었습니다. 그들은 왜 저를 기다려 주지 않고 믿지 않았나요?"

선교사와 내국인이 갖는 위기에 대한 성향이 다르기 때문에 양자 간에 갈등이 일어났다. 만일 비가 오기 시작했다면, 안드레는 하던 일을 멈추고, 즉시 시내로 달려와서 지붕을 고쳤을 것이다. 그러나 매일 아침 그는 하늘을 살펴보며, 그 날 비가 오지 않을 거라는 결론을 내린 후에 자기 집을 계속 수리했던 것이다. 그에게는 비가 오기 전까지는 위기는 없는 것이었다. 게다가 그는 수일 내에 와서 지붕을 수리하려고 생각하고 있었다. 그러나 여선교사는 위기의식성향과 수리해야 한다는 욕구가 강한 나머지, 안드레가 언제 올지 모른다는 불확실함과 잠재적인 위험이 있다는 불안감을 견뎌낼 수 없었다.

위기의식 지향적인 선교사나 외국인들에게 비위기의식성향은 실망과 불안을 줄 뿐 아니라, 의사소통과 상호지원에서 커다란 장애가 된다. 이런 문제에 대한 또다른 예가 있다. 얘프섬에 있는 태평양 선교항공국(Pacific Missionary Aviation)에서 근무하는 어떤 미국인 조종사가 율리티 섬에서 환자를 싣고 비행하고 있었다. 환자의 출혈이 심했기 때문에 조종사는 병원에 무전을 쳐서 구급차를 요청했다. 구급차 운전수는 비위기의식 지향적인 얘프인이었는데, 그는 구급차를 대기시키라는 요청을 지금까지 거의 받아 보지 못했을 뿐만 아니라 진짜 위기를 거의 한 번도 경험해 보지 못한 사람이었다. 조종사가 공항에 착륙했을 때 어디에도 구급차는 없었다. 그리고 환자는 불행히도 비행기에서 기다리다 죽고 말았다. 구급차가 30분쯤 늦게 도착했을 때, 조종사는 격분해서 그 운전수 팔을 부러뜨려버리겠다고 다짐을 하고 있었다. 한 얘프인 기술자가 그가 화내는 것을 보고 운전수에게 달려가서, "그가 당신 때문에 무척 화가 나서 당신을 죽이려고 합니다. 여기서 빨리 떠나는 것이 좋겠습니다!"라고 말했다. 운전수는 조종사를 시체와 함께 남겨둔 채 그 즉시 구급차를 타고 시내로 도망쳤다.

우리가 기독교 사역에 참여하고 있다면, 우리가 긴급하다고 느끼는 것을 다른 사람들은 다르게 느낄 수도 있다는 것을 예상해야 한다. 우리는 다음과 같은 것들을 스스로에게 질문해 보아야 한다. 이 문제가 우리가 느끼는 것만큼 정말 중요한 것인가? 예상되는 위기가 발생한다면 어떤 선택의 여지가 있을 것인가? 여선교사의 경우 불안감을 진정시키는 간단한 방법은 그녀의 학습재료를 옮기는 것이었을 것이다. 왜냐하면 지붕이 전부 훼손된 것은 아니었기 때문이다. 그러나 조종사의 경우 실제 위기는 환자의 죽음으로 끝났다.

우리는 이 경우 단순히 구급차 운전수를 비난하고 조종사를 두둔하기 쉽다. 그러나 조종사는 사고가 나기 이전에 운전기사와 관계를 맺는 것에 실패를 했다. 그는 구급차 운전수들과의 의사소통에 실패했으며, 따라서 운전수들은 그가 비행하면서 보낸 무전이 어떤 종류의 전달인지를 몰랐다. 그는 비위기의식 지향적인 문화권에서 위기상황을 어떻게 다루어야 할지를 대비하지 못했다. 위기 시에 그가 보낸 전달은 그에게는 긴급하게 보였지만, 그것을 받은 사람들에게는 그렇지 않았다. 그는 애프인들이 자기를 이해하고 그가 기대하는 것처럼 반응하리라고 생각했다. 그들이 그렇게 하지 않았을 때, 자기 자신이 그들을 이해하려고 노력하거나 그들의 위기에 관한 성향을 알아보려 노력하지 않고, 자신을 이해하지 못했다고 그들에게 매우 화를 냈던 것이다.

초문화 사역에서 나타나는 똑같은 잘못은 우리 이야기를 듣는 사람들이 우리를 이해한다고 생각하는 것이다. 개인이 갖고 있는 성향의 차이가 상호이해를 방해할 수 있다는 사실을 간과하기 쉽다. 더욱이, 우리는 우리의 의사결정 및 위기관리 방식이 최선의 것이라고 단정한다. 어떤 일을 할 때 그것을 우리 나름대로의 방식으로 하는 것과, 주위 사람과 동역하므로써 상호이해와 협력을 증진시켜서, 모든 사람이 받아들일 수 있는 유일한 방식으로 결정을 내리고 위기를 해결하는 것 중 어느 것이 더 중요한지를 자문해야 한다. 위기의식 지향적인 사람과 비위기의식 지향적인 사람은 서로에게 도움을 줄 수 있는 많은 자질을 갖고 있다. 그러나 이것은 상호이해와 수용의 자세가 있을 때만 이루어질 수 있다.

성서적 관점

많은 선교사와 목사, 그리고 평신도 사역자들이 어떤 문제든지 영적으로만 판단하려 하기 때문에 문화적 차원을 간과하는 잘못을 범하는 경향이 있다. 그들은 자기들의 견해를 옹호하기 위해 매우 쉽게 성경을 인용할 수 있다. 그러나 다른 방식 역시 성경에 선례가 있으며 성경의 지지를 받을 수 있다는 성경의 증거에는 눈이 어둡다. 예를 들어 그리스도의 삶을 살펴보면, 예수께서 종종 비위기의식성향을 나타내 보이시는 것을 알 수 있다. 반면에 유대인 지도자들은 당시의 쟁점들에 대하여 위기의식성향을 갖고 있었다. 율법과 전통이 그들의 지침이었는데, 율법과 전통을 지적하면서 그들은 예수께 압력을 넣어 쟁점들을 재빨리 풀도록 강요하였다. 그러나 예수는 대답보다는 질문을 하심으로 반응하셨으며(눅 20:3의 예) 문제를 풀기보다는 오히려 다른 문제를 야기시키는 비유를 들어 주셨다. 더구나 그분은 풍랑이 이는 동안 배에서 주무셨으며, 너무 늦어서 사람들을 먹여 주어야 할 시간까지 가르치시고 치료하셨다. 또 애타게 기다리는 야이로와 나사로의 집으로 가시는 도중에는 병자가 죽을 때까지 지체하기도 하셨으며 배반자의 수중으로 조용히 걸어가셨다.

여기서 말하고자 하는 바는, 비록 예수는 우리가 헌신할 때는 분명한 결단을 내리라고 요구하시지만, 그 후에 이어지는 봉사는 훨씬 개방적인 성격이 되어야 한다는 것이다. 누가복음 9장 23절에서 그분은 다음과 같이 경고하신다. "아무든지 나를 따라오려거든 자기를 부인하고 날마다 제 십자가를 지고 나를 좇을 것이니라." 이 말씀에 따르면 한가로이 지체할 여유는 없다. 그러나 바로 다음 장에서(눅 10:1-12) 예수는 제자들을 파송하면서 교훈하시기를, 자신을 따를 때 어떤 상황이 발생하더라도 그것들을 받아들이라고 가르치신다. 제자들에게 명하시기를, 여행을 위해서 아무 준비도 하지 말고, 그들을 영접하는 곳에서 머물고, 주는 것을 먹으며, 궁핍한 사람들을 도와 주며, 귀를 기울이는 사람들을 가르치라고 하신다.

그러므로 그리스도의 일꾼들에게 주는 도전은, 복음에는 주저없이 단호한 헌신을 하고, 사역에는 개방적이고 비위기의식성향을 가지라는 것이다. 바울은 디모데에게 다음과 같이 명한다. "때를 얻든지, 못 얻든지 항상 힘쓰라. 범사에 오래 참음과 가르침으로 경책하며 경계하며 권하라"(딤후 4:2). 항상 준비되어 있으라는 명령이 뜻하는 바는, 말씀을 전파하고 가르칠 준비가 되기 위해서는 위기의식성향이 필요하다는 것이며, 반면에 "오래 참음으로" 섬기라는 가르침은 개인생활과 사역에는 비위기의식성향이 되라는 것이다.

그리스도의 일꾼으로서 우리는 종의 형체를 취하신 그리스도를 닮으라는 바울의 도전을 피할 수 없다(빌 2:5-7). 이 종의 도(servanthood)가 요구하는 것은 우리가 섬기는 사람들에게 모든 것이 되라는 것이다(고

전 9:19-23). 어떤 사람들이 우리와 다른 방식으로 생각한다면, 우리는 그들처럼 생각하기를 배워야 한다. 만일 어떤 사람들이 우리와 다른 방식으로 위기에 대응을 하고 결정을 내린다면, 우리는 그들의 위기관리 방식을 배워야 한다. 우리의 목표는 그리스도의 지체들을 하나가 되게 하고, 그들의 교제를 견고히 하는 것이 되어야 한다. 그 목표를 이루기 위해서 우리는 항상 우리보다 다른 사람들을 더 낫게 여겨야 한다. 우리의 위치는 종의 위치가 되어야 한다.

6. 목표와 긴장

　　우리 마을에 살고 있는 한 애프인이 몇몇 친구와 친척들에게 자기 일을 도와 달라고 요청을 했다. 그는 오전 10시경으로 시간을 정하여 와달라고 부탁했는데, 애프인의 시간관념에 대해서 잘 알고 있는 나는 무슨 일이 일어났는지 보기 위해 11시쯤 가 보았다. 예상했던 대로 몇 사람만이 둘러앉아 담소하고 있는 것을 보았다. 정오 경에 다른 몇 사람이 들어왔고, 대화는 계속 이어졌다. 오후 3시경 한 사람이 다른 일 때문에 양해를 구하고 가버리자 한 사람이 "일하러 와서 아무것도 한 게 없네"라고 농담을 던졌다. 그들은 모두 한바탕 웃고나서, 그 날 일을 시작해도 상관은 없지만 다음 목요일에 와서 하기로 결정을 하였다. 그 날 대부분의 시간을 대화하는 데 쓰고 나서 그들은 하나 둘씩 흩어졌.

　　다음 목요일에 그들은 다시 모였는데, 몇 사람은 9시에 왔고 다른 몇 사람은 10시경에 왔다. 10시 반경이 되자 일하기에 충분한 사람들이 모였다. 그래서 그들은 잠시 일을 하고는 쉬면서 대화를 나누며 빈랑나무 열매를 씹었다. 사람들이 더 와서 한 시간 가량 일을 한 후에 앉아서 대화를 나누며 빈랑나무 열매를 씹었다. 늦은 오후까지 그들은 약 4시간 분량의 일을 하였고, 훌륭한 하루일과를 마쳤다는 것에 만족해 했다. 떠나면서 그들은 수 주일내에 일을 다시 하기로 약속을 했다.

미국인은 이러한 작업유형에 대하여 "어느 세월에 일을 다 끝마칠지"라는 말로 반응할지 모른다. 그러나 그 애프인들은 그들이 모였던 이틀 모두를 만족해 했다. 그들의 목표는 일을 완수하는 데 있다기보다는 그들의 상호관계를 즐기는 데 있었다. 첫날에 그들은 일을 무시할 만큼 그들의 교제를 즐겼다. 둘째날에는 그 일의 책임자가 그 일이 어느 정도 진척되기를 원했지만 그들의 상호교제는 여전히 그 날 활동의 중요한 부분이었다.

애프에서 일하는 다른 문화권 사람들은 일반적으로 애프인들의 일하는 방식을 받아들이지 못했다. 정말 이들은 종종 그들을 이해할 수 없었다. 그 예로, 거기에 고용된 한국인과 일본인은 근면하기로 유명한데, 애프인들도 그들이 차를 수리하거나 다른 일을 하면서 하루에 얼마나 많은 일을 이루어 놓는지를 보면서 크게 감명을 받기도 한다. 그러나 이들 외국인들은 그들이 완수한 일의 양에 따라 보수를 받았다. 즉 그들은 생계를 전적으로 임금에 의지하고 있었다. 그들은 경제적 필요 때문에 종종 일의 완수를 최우선순위로 놓는다. 이와는 대조적으로 애프인은 농업으로 생계를 유지하면서 관계를 즐기고 또 건실히 하는 공동협력은 개인적인 노력만큼이나 농업을 유지한 데 중요하다. 결과적으로 애프인의 제1의 목표는 일의 완수보다는 오히려 서로에게 유익한 목적을 위하여 다른 사람들과 상호협동하는 데 있다.

업무중심 대 사람중심

업무지향적인 사람들은 그들의 목적을 성취하며, 계획을 완수하는 데서 만족을 느낀다. 그들의 삶은 끝없이 계속되는 목표에 의해서 자극을 받는다. 그들은 할당된 시간 동안 사람이 할 수 있는 그 이상의 더 많은 일들을 해내고 싶어한다. 그 결과 그들의 생활은 일로 가득차 있다. 많은 사람들이 일벌레(workaholics)가 되어 일이 그들의 생활을 지배함으로써 다른 사람들은 단지 그들의 업무일정의 한 부분으로밖에 존재하지 않는다.

업무지향적인 사람들의 사회생활은 단순한 업무활동의 연장에 불과하다. 사교모임에서 그들의 대화는 주로 그들 업무에 대한 문제에 한정된다. 그들의 일과 관련없는 주제를 가지고 대화하는 것을 그들은 지루해 한다. 업무지향적인 사람들은 사회활동을 시간낭비라고 생각하고 종종 혼자 방해받지 않고 고독하게 일하는 것을 즐긴다. 어떤 목표를 성취하는 것이 여러 사회관계를 맺는 것보다 더 중요하며, 목적 달성을 위해

도표 5. 업무중심과 사람중심

업무지향	사람지향
1. 일과 원칙에 초점을 맞춤	1. 사람과 인간관계에 초점을 맞춤
2. 목적달성에서 만족을 찾음	2. 인간관계에서 만족을 찾음
3. 같은 목표를 갖는 친구를 찾음	3. 단체지향적인 친구를 찾음
4. 개인적인 목표달성을 위하여 외로움과 사회적 손실도 받아들임	4. 외로움을 싫어함; 개인적인 일을 희생시킴

서는 사회적 소외감도 기꺼이 감수한다.

사람지향적인 사람들은 다른 사람과의 교제에서 만족을 찾는다. 그들의 최우선 순위는 개인적인 인간관계를 맺으며 그것을 유지하는 것이다. 그들은 이런 관계를 유지하는 데 필요한 사회활동을 즐긴다. 어떤 사람들은 모든 가용시간을 이용하여 새로운 사람을 만나며 개인적인 접촉범위를 넓히려고 한다.

상호작용을 목적으로 삼고 있는 사람들은 그들이 속한 사교집단의 수용과 자극을 필요로 한다. 그들은 소속집단의 일원으로서의 의무를 다하고 개인적인 유대를 유지하는 데 많은 시간과 노력을 기울여야 한다. 그들의 집단의 이해관계와 상호교제를 증대시키는 데 열심이고, 종종 다른이들의 이익을 위해 자기 자신의 목표를 희생시키기도 한다. 어떤 업무를 실패하는 것보다 인간 관계에 실패하는 것이 그들에게는 큰 일이다.

사역에 있어서의 업무지향

업무지향적인 선교사, 목사, 평신도 사역자들은 교육과 설교 및 성경번역을 위한 제반 행정적인 책임을 완수할 준비가 잘 갖추어져 있다. 그들이 자신의 활동을 계획하면서 다른 사람과 독립적으로 일할 수 있는 한, 자신들의 봉사를 효과적으로 할 것이다. 그들은 동료사역자들 때문에 좌절하게 된다. 그들은 자신들보다 일에 열성을 덜 보이는 사람들에 대하여 참기 어려워 할 것이다. 그들은 외견상 사소해 보이는 이야기로 시간을 허비하며, 계획적으로 일을 처리하지 않는 사람들에 대해 매우 분노한다.

업무지향적인 사람들이 사람지향적인 문화에서 선교사로서 일을 할 때, 그들은 종종 일과에서 상호작용의 중요성을 납득하지 못하고, 그들의 내국인 동역자들에 대하여 극단적으로 비판적이 되는 수가 있다. 그 예로, 마이크로네시아의 미국인들은 내국인 협력자들이 업무시간 중에 오랫동안 이야기하는 것을 보면서, 그들을 게으르고 비생산적이라고 비난할 수 있다. 그러나 이들 미국인들은 사회적인 교제가 마이크로네시아인들의 일과의 한 부분이며, 수백 년 동안 그렇게 해 왔다는 것을 이해하지 못한다. 더구나 신약에서도 같은 유형이 반복해서 나타나는 데도 그것을 이해하지 못한다. 그들은 그들 자신의 문화적 가치를 맹신하게 된 것이다.

사역에서의 사람지향성

마이크로네시아인들이 단지 상호작용 위주의 사람들인 것만은 아니다. 사실 많은 수의 미국인들이 인간관계를 맺는 것을 그들의 주된 목표로 삼으며, 반대로 많은 수의 마이크로네시아인들은 일을 완수하는데 우선적으로 초점을 맞춘다. 위의 경우 모든 사람들은 그들 문화가 지닌 가치의 흐름에 역행하고 있다. 미국사회는 고도로 사교적인 사람을 비생산적인 사람이라고 부정적으로 보는 반면, 마이크로네시아 사회는 딱딱하고 불친절하며 노력형의 사람들에 대해서 불만을 보인다. 선교사역에 있어서 이들 차이점이 암시하는 바는, 가장 생산적인 미국인이 상호작용 지향적인 비서구 문화권에 파송되기에 가장 적합한 사람이 아닐 수도 있다는 것과, 가장 생산적인 내국인이 교회지도자가 되는 데 최적 후보가 아닐 수도 있다는 것이다.

미국의 교육체제는 사람지향적인 개인들을 격려하도록 세워지지 않았다. 사람지향적인 학생들은 종종 수업일정과 학습요구를 따라 가는 데 갈등을 겪으며, 오랜 학습시간 때문에 상호유대관계를 희생해야 한다는 사실을 받아들이려 하지 않는다. 그들의 학업성적은 업무지향적인 동료학생들보다 못할지 모른다. 그러나 학교에서의 성적이 사역에서 성공할 수 있는 잠재력을 나타낸다고 항상 말할 수 있는 것이 아님은 분명하다.

다른 문제는 사역에서의 성공이 무엇을 뜻하는지를 규정하기가 어렵다는 것이다. 학교성적이 좋은 업무지향적인 사람들이 종종 교회와 선교조직의 지도자가 되기 때문에, 성공은 종종 객관적인 목표라는 측면에서 정의된다. 그들 조직에서 사람지향적인 이들은 그러한 목표에 도달하지는 못하지만 탁월한 인간관계를 맺으면서 강력한 대인사역을 벌인다. 때때로 지도자들은 사람지향적인 이들에게 기대되는 유형을 따르도록 압력을 가하며, 심지어 그들의 권위에 대항하는, 영적인 문제를 가진 사람들이라고 몰아붙이기도 한다.

우리가 우리 가운데 있는 사람지향적인 사람들을 더 격려할 필요가 있다는 것은 분명하다. 그들은 다른 사람들이 배우려면 상당히 애를 써야 하는 특별한 선물을 사역에 가져온다. 선교사와 내국인을 교회지도자로 선출하는 기준, 봉사를 위해서 그들을 인정하는 기준들을 재평가해야 할 필요가 있다.

목표로 인한 갈등

마이크로네시아인들이 함께 일할 때, 그들의 사교활동은 그들에게 일을 하는 것만큼이나 중요하다. 불행히도 많은 업무지향적인 선교사들이 이러한 가치관을 이해하거나 받아들이는 데 실패한다. 그 결과 그들은 스스로 사역자로 부르심을 받았다고 느끼는 사람들을 끝내 거절하게 된다. 그들의 가치관으로 볼 때, 일과 친교는 양립할 수 없는 것이다. 반면에 마이크로네시아인들은 의미있는 상호작용이 없는 일은 이기적이며 불만족스러운 것이라고 생각한다.

1967년에 얘프섬에서 내 집을 지었던 몇몇 팔라우 사람들에 대한 나의 반응은 업무지향적인 사람이 교제지향적인 마이크로네시아인의 작업유형에 어떻게 반응하는지를 보여 주는 좋은 예이다. 한 팔라우인이 수백 불의 비용으로 4명을 고용하여 내 집을 짓는다는 계약서에 서명하였다. 그 계약서는 만일 그 일이 보름 이상 걸리면 그들이 기한을 넘긴 날수마다 10퍼센트씩의 돈을 삭감할 것이라고 명시되어 있었다. 보름 이내로 마치면 전액을 지불하기로 되어 있었다.

작업 첫날, 나는 일의 진척상황을 보기 위해 가 보았는데, 4명이 아닌 6명이 와 있는 것을 발견하였다. 나는 "좋아, 일이 더 빨리 끝나겠군" 했다. 그러나 지켜보고 있노라니, 그들은 한 시간 일하고 나면 한 시간을 쉬었으며, 그와 같은 유형으로 온종일을 보냈다. 하루 일과가 끝날 무렵, 나는 정말 마음이 상했다. 나는 그들이 보름 안에 절대로 일을 끝마치지 못할 것이라고 생각했다. 나는 콜로니아로 가서 필리피노 회사의 사업가에게 불평을 했다. 나는 캘리포니아에 계신 목수인 나의 아저씨에게 편지를 써서 팔라우인들이 어떻게 일하는가에 대한 놀라움을 표현했다. 얘프섬에서 지낸 지 불과 3주밖에 안됐고, 다른 문화에 전혀 접해 본 적이 없었기 때문에 나는 그들이 앉아서 빈랑나무 열매를 씹으며 대화하면서 하루 8시간 일과 중 절반 가량만 일하는 것을 보고는 매우 놀랐다. 내 걱정은 그들의 일 솜씨에 의해서만 누그러졌다. 그리고 놀랍게도 그들은 6일 후에 집을 완성하였다.

나는 그들의 방식을 이해할 수 없었다. 그들은 왜 두 사람을 더 데리고 왔을까? 왜 네 사람을 써서 더 많은 돈을 벌지 않는 걸까? 나는 나중에 마이크로네시아인들이 일을 하는 중요한 동기가 상호교제임을 이해하게 되었다. 만일 그들이 스스로 즐길 수 없고, 또 다른 이들과 대화할 수도 없다면 그들은 일할 아무런 이유가 없다. 그들의 목표는 그들이 벌 수 있는 돈이 아니다. 실제로 6명은 다른 직업이 있었으며, 내 집을 다 만든 그 날, 시간당 임금을 주는 그들의 원래 직장으로 돌아갔다. 그들은 수당보다는 상호교제에 더 관심이 있었다.

많은 서구 선교사들이 일과 사교를 구분해야 한다고 믿는다. 산업사회에서는 차 마시는 시간, 혹은 교제시간이 업무시간과 분명하게 분리되어 있다. 많은 선교사들이, 스스로 업무지향적이라고 고백한 나에게 어떻게 내가 그 변화에 적응할 수 있었는지를 물었다. 나는 두 가지 원칙을 들어 대답을 한다. 첫째, 나는 현재의 내가 나이며 하나님은 내 모습 그대로를 원하시고 현재의 내 모습 그대로 사용하시리라는 사실을 받아들인다. 둘째, 나는 "아무 일에든지 다툼이나 허영으로 하지 말고 오직 겸손한 마음으로 각각 자기보다 남을 낫게 여기라"는 빌립보서 2장 3절의 교훈의 말씀에 순종하려고 노력한다.

나의 개인적인 갈등들은 이들 원칙을 따르기가 얼마나 어려운가를 보여 주는 데 도움이 될 것이다. 나는 피츠버그 대학 박사학위를 따기 위한 연구를 위해 1967년에 얘프섬으로 갔다. 만일 내가 중요한 어떤 것을 이루어내지 못한다면, 학위를 받지 못한다는 것을 알았다. 누구도 단지 이야기를 나누며 빈랑나무 열매를 씹고 있는 사람들의 주변에 앉아 있는 것만으로는 박사학위를 받을 수 없다. 나는 내가 현장에 나가 있는 동안에 무엇인가 보여 줄 수 있는 것이 있어야 했으며, 그래서 나는 보이지 않는 실제적인 압박을 느꼈다. 많은 선교사들과 마찬가지로 나의 일은 사람들과의 대화를 포함하고 있었다. 나는 얘프문화에 대하여 내가 배울 수 있는 것은 모두 배우기를 원했고, 그래서 늘 질문하고, 노트에 자주 기록을 했다. 질문과 대화는 학위를 완성하려는 나의 욕구를 만족시켰다. 나의 일은 사람들과의 상호접촉을 요구했지만, 그러나 본질적으로는 정보를 수집하는 것이었다.

이런 형태의 활동은 나의 일하는 습관에 변화도 요구했지만, 그러나 나는 그것이 내가 다른 사람들을 평가하는 방법에서도 새로운 변화를 요구한다는 것을 깨닫지 못했다. 때때로 나는 내가 관심있는 주제로 대화를 유도할 수 없었고, 따라서 나는 곧 대화에 싫증을 느꼈다. 인간으로서의 얘프인들에 대한 나의 관심의 부족이 명백해졌다. 내가 어리석다고 생각되는 것에 대화가 집중될 때, 나는 그들과 상호교제하기 매우 힘들다는 것을 발견하였다. 그럴 때 나는 그들로부터 도망쳐서 나의 일을 진척시켜 보고 싶었는데, 이것은 사람에 대한 나의 헌신이 부족함을 반영해 주는 것이었다.

이 문제는 모든 초문화사역자들에게 중요한 것이며, 선교사들에게는 근본적인 것이다. 선교사는 사람들에게 보내져서 그들을 섬기고, 그들에게 사역을 하면서 그들을 위한 하나님의 사랑을 전하는 사람이다. 인간관계의 형성이 사역에서 핵심적인 것이다. 선교사는 개인적인 상호접촉에 자신의 시간과 삶을 바쳐야 한다. 이것은, 업무지향적인 사람은 사람들과 앉아서 이야기하기 위하여 의식적으로라도 많은 시간을 할당해야 한다는 것을 의미하는데, 그 이유는 의식적인 노력이 없다면 일 때문에 모든 가용시간과 에너지를 뺏길 것이기 때문이다.

일만 하는 사람(workaholic)에게는 부담없는 간단한 대화가 수백가지의 잡무보다 더 어려울 수 있다. 이런 사람들은 외견상 이야기를 경청하는 것 같지만, 속으로는 대화하는 것 대신에 해야 할 모든 일들을 생각하고 있다. 그들은 해야 할 일들이 많을 때는 사람들에게 집중하기가 매우 어렵다. 그들의 몸은 거기 있지만, 마음은 다른 곳에 있어서 해야 할 다른 일들을 생각하고 있다. 이것은 선교사들에게는 매우 중요한 문제인데, 그 이유는 민감한 사람이라면 그들의 이러한 이중적인 태도를 알아차리기 때문이다.

업무지향적인 사람들은 일에 대한 강박관념이 지나치게 되면 목적을 이루려는 그들의 노력은 성격상의 결함이 된다는 것을 인식하는 것이 중요하다. 그리스도인으로서 우리는 그리스도를 위하여 사람들을 찾아가지만, 종종 일 때문에 사람들을 제쳐둔다. 우리가 얼마나 많은 건물을 짓고 얼마나 많은 보고서를 제출하느냐는 문제가 안 된다. 만일 우리가 그들과의 상호관계를 통하여 사람들을 만나지도 않고 사랑하지도 않는다면, 우리는 지상명령을 잊은 것이며, 따라서 우리의 활동들은 의미를 상실한다. 우리는 책상에 앉아서 성경번역이나 기타 기독교 사역에 삶을 투자할 수도 있다. 그러나 그 바깥의 세상에 있는 사람들은 우리가 그들을 사랑하는 것을 결코 볼 수 없을 것이다. 책상에서는 그들과 거의 대화할 수도 접촉할 수도 없으며, 우리가 그들에게 관심을 갖고 있다는 것을 보여 줄 수도 없다. 우리는 밖으로 나가서 그들 곁에서 일하지 않는다. 비록 우리가 우리 손이나 마음이나 생각으로 사랑의 활동을 할지라도, 우리가 그들과 접촉하면서 인격적인 방식으로 우리의 사랑을 보여 주지 않는다면, 우리의 활동은 그들에게 아무런 의미가 없을 것이다.

성서적 관점

"우리가 그리스도의 사도로 능히 존중할 터이나(또는 폐를 끼칠 터이나), 오직 우리가 너희 가운데서 유순한 자 되어 유모가 자기 자녀를 기름과 같이 하였으니 우리가 이같이 너희를 사모하여 하나님의 복음으로만 아니라 우리 목숨까지 너희에게 주기를 즐거함은 너희가 우리의 사랑하는 자 됨이니라"(살전 2:6-8). 바울의 본은 우리 모두가 감탄하면서 우리 자신의 삶과 사역을 위한 지침으로 삼고 있는 것 중의 하나이다. 우리는 바울의 서신을 통해서 그가 이방인으로서 회심한 이들에게 유대인의 생활형태에서 볼 수 있는 엄격한 원칙들을 강요하지 않았음을 알 수 있다. 더 나아가 그는 단지 복음을 전하는 것만이 아니라 그의 생활을 나눠야 할 필요성을 알았다.

우리 모두는 각기 다른 재능을 갖고 있다. 어떤 사람은 사람들과 쉽게 사귈 수 있는 재능을 갖고, 또 어떤 이들은 목표를 성취시키는 재능을 갖고 있다. 기독교 사역과 봉사를 열망하는 우리 모두는 사람들에 관한 관심과 교류, 혹은 바울이 말한 바 "우리의 삶을 나누는 것"을 증진시켜야 한다. 우리는 우리의 우선 순위를 결정하는 습관을 발전시켜 우리가 중요하다고 생각하는 일들이 하나님께서 우리에게 맡기신 사람들보다 덜 중요하다는 것을 인식해야 할 필요가 있다.

예수의 생애는 하나님의 나라에서 사람이 얼마나 중요한지를 강력하게 증거해 준다. 마가복음 6장 30-46절에서 묘사된 사건은 예수께서 업무성향과 사람성향 사이의 긴장을 어떻게 다루셨는지 설명해 준다. 이 이야기는 궁핍한 사람들이 너무나 많아서 예수와 그분의 제자들이 식사할 겨를도 없었던 일정을 설명하면서 시작된다(31절).

예수께서 느꼈던 감정을 상상해 보기로 하자. 예수의 제자들은 분명히 일에 억눌려 있었다. 그분은 근래에 고향사람들에게 배척당하셨다(막 6:1-6). 또한 헤롯왕에 의한 위험을 느꼈을지도 모른다(눅 9:9). 그분은 휴식을 취하면서, 자신의 사자이자 친척인 세례 요한을 죽인 악한 왕과 믿지 않는 고향 사람들로 인해 밀려오는 실망감을 아버지께 토로할 혼자만의 시간이 필요했다. 그분의 위치에 있었다면 우리는 대부분 아마도 무리에게 이렇게 말했을 것이다. "나를 잠시도 혼자 내버려둘 수 없나요? 나는 나 혼자만의 시간이 필요합니다. 나는 생각하고 또 기도해야 할 필요가 있어요."

그러나 마가는 예수가 큰 무리를 보았고 자기 연민에 빠지기보다는 그들이 목자없는 양같음을 인하여 불쌍히 여기셨다고 우리에게 말한다. 분명히 이것은 일순간의 방문은 아니었다. 왜냐하면 본문은 "날이 저물어가매" 제자들이 예수께 나아와서, 무엇인가 먹을 것을 사먹도록 무리를 마을로 내보내자고 전하였다고 말하기 때문이다. 예수는 그분을 따르는 사람들 모두(남자만 5천 명 가량)를 먹이시는 것을 통해서 그분의 사랑과 권능을 보이셨다. 결국 그분은 무리를 가르치고 먹이신 후에야 자신의 처음 목표로 돌아가 혼자되어 기도하셨다. 그분은 제자들을 배로 보내고 무리와 작별하시고는 "기도하러 산으로 가셨다."

이 이야기는 하나님이 우리에게 섬기라고 보내신 사람들보다 더 중요한 목표나 일은 없다는 것을 강력히 가르쳐 준다. 예수는 그분의 목표를 이루었지만 그 자신에게 할당된 시간은 어두울 때부터 새벽이 되기 직전까지였다(막 6:48). 그분은 하루 중 가장 좋은 시간을 사역하려는 사람들과 나누었다. 그분은 그들이 필요로 하는 시간에 그들을 섬겼다. 예수께서 자신의 일과 목표 대신 곤경에 처해 있는 사람들에게 우선권을 두시는 삶의 태도는 복음서 전체를 통해서 계속해서 나타난다. 그 예로, 도표 6에 있는 자료를 생각해 보자. 이것은 누가복음 4-9장에서 예수께서 16번의 경우에 곤경에 처한 사람에게 우선권을 두었고 4번의 상황에서만 해야 할 일이나 원칙에 우선권을 두셨음을 보여 준다.

마가복음 6장과 다른 많은 성경 구절들은 예수께서 시간에 관계없이 개인적인 필요를 채워 주셨고, 이러한 필요가 해결될 때까지 다른 모든 일들을 연기하셨음을 보여 준다. 이 원칙은 서구의 시간지향적인 선교사들에게 매우 중요하다. 업무지향적이거나 시간지향적인 그리스도인 모두 대인 사역을 할 시간을 거의 갖지 않는다. 내가 나바호 인디안 보호구역에서 관찰한 선교사 부부는 이에 대한 전형적인 예가 된다. 그들은 인디언이 어느 때고, 낮이건 밤이건 그들의 필요와 요구를 갖고 오는 것에 대해 상당히 난감해 했기 때문에, 오후에 세 시간 동안을 제외하고는 문을 열어 주지 않았다. 나바호 주민들은 이 부부가 그들에게 개인적으로 거의 관심이 없다고 내게 말했다. 대신에 그 선교사들의 유일한 관심은 예배시간에 많은 사람이 모이는 것에 있다는 것이었다.

그리스도께서 우리를 부르셔서 사역하라고 하신 이들을 위하여 우리는 정상적인 근무시간을 지킬 수 없다. 우리는 우리의 시간계획을 조정해야만 하고, 그들이 필요로 할 때마다 그들을 만나고, 우리가 다른 사람들에 대해 사역을 마친 후에야만 우리 자신의 일로 돌아가야 한다. 바

도표 6. 누가복음 4-9장에 나타난 예수의 우선순위

일 혹은 원리	사람
1. 어떤 선지자도 고향에서는 환영받지 못한다는 선언 (4:24-30)	1. 병자와 귀신들린 자를 고치심 (4:31-41)
2. 다른 고을에서도 전해야 한다는 선언 (4:43)	2. 시몬을 사람낚는 어부로 부르심 (5:1-11)
3. 어머니와 형제들을 만나기를 거절함 - 그분의 말씀을 듣고 행하는 자가 그분의 참된 가족이라는 선언 (8:19-20)	3. 문둥병자를 고치심 (5:12-14)
4. 누가 크냐는 논쟁을 가라앉히심 - 가장 작은 자가 (9:46-48) 가장 큰 자라고 선언	4. 중풍병자를 고치시고 용서하심 (5:17-25)
	5. 죄인들과 함께 먹으심 (5:29-32)
	6. 혼인잔치의 손님으로서 제자들은 금식할 필요가 없다고 말씀하심 (5:33-35)
	7. 안식일에 이삭을 잘라 먹음 (6:1-5)
	8. 안식일에 고치심 (6:6-11)
	9. 백부장의 종을 고치심 (7:1-10)
	10. 과부의 아들을 살리심 (7:11-15)
	11. 죄지은 여인을 용서하심 (7:36-50)
	12. 귀신들린 자를 고치심 (8:26-39)
	13. 야이로의 딸을 살리시며 혈루증으로 시달리던 여인을 고치심 (8:40-56)
	14. 오천 명을 먹이심 (9:10-17)
	15. 귀신들린 소년을 고치심 (9:37-43)
	16. 악한 사마리아인들을 저주하기를 금하심 (9:51-56)

울은 골로새서 3장 12절에서 "긍휼과 자비와 겸손과 온유와 오래참음"을 옷입으라고 우리에게 권고하고 있다.

타문화에서의 성육화

분명히, 우리는 사람과 일 가운데서 양자택일을 할 필요는 없다. 하나님의 무한한 지혜와 예수의 완전한 모범에서 우리는 그 둘 사이의 조화를 본다.

그림 2는 사람지향과 업무지향 사이의 긴장을 보여 준다. 우리는 마이크로네시아 문화가 행렬의 (6, 3)에 위치하여 사람에 대한 높은 우선

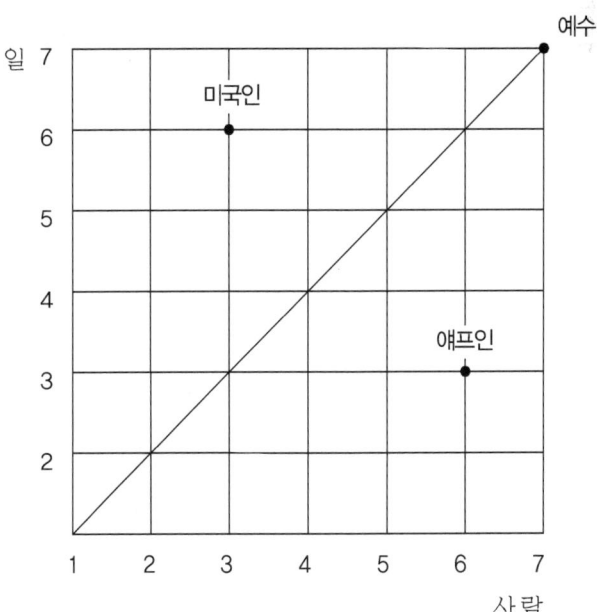

그림 2. 일과 사람에게 할당되는 가치

순위와 일에 대한 중간의 우선순위를 갖는 반면에, 미국문화는 (3, 6)에 놓여 인간에 대한 적당한 우선순위와 일에 대한 높은 우선순위를 갖는다고 가설을 세울 수 있다. 예수의 생애는 행렬의 (7, 7)에 놓이는데, 이것은 그분이 사람과 일 모두에 완전한 주의를 기울이셨기 때문이다. 마가복음 6장의 예는 예수께서 그분 주변에 있는 곤경에 처해 있는 사람들을 위해 개인적인 일을 제쳐 놓으신 것을 보여 준다.

그리스도인으로서 우리는 "사랑을 입은 자녀같이 하나님을 본받은 자가 되고 그리스도께서 너희를 사랑하신 것같이 너희도 사랑 가운데서 행하라. 그는 우리를 위하여 자신을 버리사 향기로운 제물과 생축으로 하나님께 드리셨느니라"(엡 5:1-2)는 말씀에 도전받는다. 우리는 선교의 도전을 받으면서 이와 같은 바울의 훈계를 무시할 수는 없다. 우리의 목표는 그리스도를 닮는 것이며, 그것을 위해 노력하지만 성령께서 우리에게 힘을 주시지 않는다면 결코 달성할 수 없는 목표이다. 우리는 우선순위에서 완전한 (7, 7)의 균형에 이르러야 하지만 연약함 때문에 우리가 이룰 수 있는 최상의 것은 아마도 (5, 5)일 것이라는 것을 겸손히 인정해야 한다.

비록 완성에 이를 수는 없더라도, 섬기는 사람들의 문화에 성육화되려는 보다 작은 목표를 위해서는 노력할 수 있다. 만일 우리가 사람지향적인 마이크로네시아인들과 일을 한다면, 우리는 확실히 우리의 사고에서 제1의 우선순위를 사람에게 두어야 한다. 반면에, 성취에 큰 가치를 두는 중국인이나 일본인과 함께 할 때 일에서의 생산성을 희생하고 사람에게 초점을 맞추려 한다면 친구는 얻게 되겠지만 존경받지 못할 수도 있다. 이러한 문화에서 사람지향적인 선교사들은 적절한 일을 완수하는 데 더 높은 비중을 두어야 한다. 근본적으로 우리는, 우리 문화 속에서 편안한 상태에서, 우리가 보냄을 받은 문화 속의 목표에 적응해가는 태도로 바꾸어가야 할 필요가 있다. 우리가 어디에서 섬기든지, 우리의 목적은 우리가 섬기려는 사람들을 존중하며 사랑하고 그들과 우리의 삶(우선순위과 목표를 포함)을 나누는 그런 삶이 되도록 해야 한다.

7. 자아가치와 긴장

1980년 애프섬에 있을 때였다. 내 딸 제니퍼는 늦은 오후에 자기 청바지를 빨아서 줄에 널었다. 그 날 7시에 옷이 말랐나 보려고 나갔더니 옷이 거기에 없었고, 말랐던 땅은 물이 고여 있었으며, 빨래집게만 줄에 그대로 있을 뿐 바지는 없었다. 그녀는 집으로 뛰어들어와 "내 바지 누가 가져갔어요?"하고 물었지만 아무도 아는 사람이 없었다.

다음 날 아침, 우리는 이웃사람을 방문해서 잃어버린 바지 이야기를 하였다. 그러자 그녀는 주저하지 않고 "카탈리나가 그걸 가져갔죠"라고 말했다. "어떻게 그걸 아나요?"라고 묻자, 그녀는 "카탈리나는 매일 밤 당신의 집을 지나쳐서 자기 집에 갑니다. 그 애는 도둑이에요"라고 대답했다. 우리는 이런 식의 판단을 믿을 수 없었고, 우리의 관점에서 보다 확실한 증거가 필요했다.

그 날 밤 우리는 콜로니아 시로 가서 우리 지역에서 온 고등학교 남학생들이 하는 야구경기를 구경하였다. 카탈리나 역시 거기에 있었는데, 꼭 맞는 청바지를 입고 있었다. 그는 제니퍼보다 10센티미터 정도가 작고 체구도 작았지만, 그의 바지 뒷주머니 쪽에 초록색 잉크자국이 선명하게 나 있었는데, 그것은 제니퍼가 펜 위에 앉았을 때 생겼던 잉크자

국과 똑같은 것이었다. 제니퍼의 바지는 약간 줄여져서 카탈리나에게 꼭 맞게 되었다. 그 후로 제니퍼의 바지 이야기는 널리 퍼졌고, 몇몇 소녀들은 카탈리나에게 어디에서 바지를 샀느냐고 빈정대면서 묻곤 했다. 그 날 저녁 늦게 마을 사람들은 그녀가 그걸 어디서 얻었는지 알고 있다는 것을 미묘하게 암시하면서 그녀의 새 바지를 극구 칭찬했다.

이 이야기의 속편은 몇 주 후에 내가 남부 애프섬에서 24킬로미터 떨어진 곳에 있는 한 부인과 면담을 할 때 일어났다. 면담 후에 나는 대화의 소재로 바지 이야기를 들려 주었다. 그녀는 카탈리나가 누구인지 알 수 없었으므로 그녀의 어머니가 누구인지를 물었다. 내가 "티난"이라고 대답하자, 그녀는 눈을 반짝이며 소리쳤다. "아, 그게 모든 걸 말해 주네요. 티난은 도둑이에요. 그러니 카탈리나도 도둑이 될 수 있지요."

애프인들은 누군가에 대하여 물을 때, 그의 부모가 누구인가를 알고 싶어 하는데, 그 이유는 사람의 성격이 부모를 닮기 때문이라고 믿기 때문이다. 신분과 개인적인 지위 및 가치는 출생에 근거하여 결정된다. 가족 배경은 개인의 능력보다 중요하다.

신분중심(사회적 지위에 근거한 신분)

애프사회는, 메이어스의 분류에 따르면, 신분중심의 사회이다. 이러한 성향을 가진 사람과 문화는 기본적으로 사람의 출생과 사회적 지위에 관심을 갖는다. 개인에 대한 존경심은 그들의 사회적 신분에 근거하며, 각각의 신분에 따른 존경도가 다 다르다.

이러한 성향의 다른 예는 누가복음에서 찾을 수 있다. 분명히 예수당시의 유대문화에서 신분은 성취된 것이 아니라 개인에게 세습된 것이었다. 누가복음은 세례 요한과 예수의 가족배경에 대한 설명으로 시작되는데, 특히 3장에는 예수의 전체 족보가 나와 있다. 복음서 전체에 걸쳐서 우리는 저명한 바리새인과 율법학자들에 대하여 언급한 것들을 찾아볼 수 있다. 이들은 결혼식과 종교적 축제에서 상석을 차지했다(눅 14장). 그들의 특권은 (1) 세습 (2) 구약과 율법을 가르치는 종교 지도자 (3) 부와 권력을 가진 가문의 상호 결혼 등에서 얻은 것이었다. 자신의 기본적인 주체성과 자아가치를 신분에서 찾는 대부분의 개인들은 사회에서 그들의 특별한 지위에 부여한 역할을 수행하기를 즐긴다. 그들은 목사라든가 랍비, 혹은 박사 등 자신에게 부여된 칭호를 즐긴다. 또한 자기들의 지위가 공개적으로 인정을 받는 공식 모임에서 만족을 얻는다. 연회에서 연사의 자리에 앉는 것은 그 당시의 한 예이며, 누가복음 14장에서 언급된 상석은 1세기 유대문화에서 있었던 일반적인 인정의 방법이었다.

더 나아가서 그러한 사람은 자신들과 동등한 지위에 있는 사람들과 교제하는 것을 선호하며, 열등하다고 인식되는 사람들과는 접촉을 피하거나 줄인다. 복음서에서 유대지도자들은 예수께서 세리와 죄인들과 같은, 사회의 하층민들과 교제하고 식사하는 습관에 대해 자주 헐뜯고 있다(눅 15:1-2). 이러한 예수의 행동은 그들의 신경을 거슬렸을 뿐 아니라 예수의 "랍비"로서의 지위에 대한 정당성을 의심하게 하였다.

미국사회에서도 사람들이 지방에 있는 집을 살 때라든가 골프클럽이나 자기의 신분을 반영해 주는 특별한 단체에 참여할 때, 이와 같은 유형이 명백하게 드러난다. 예수처럼, 사회 규범대로 자신의 역할을 수행하기를 거부하는 사람들은 그 사회에서 이방인(outsider)이 되고, 권리와 특권 및 승진 등이 거부될 수 있다.

성취중심

다른 문화권에서는 지위가 사회적 신분에 근거하지 않고 개인적으로 획득된다. 이러한 성향의 사회에서는 개인의 주체성과 자아가치가 개인의 능력과 업적에 밀접히 관련되어 있다. 지배적인 관심은 그 사람이 무엇을 성취했느냐에 있다. 이러한 가치성향을 가진 사람들은 직책이라든지 사람들에게 알려지게 되는 공식적인 예식 등을 비웃는다. 그들에게 있어서 가치의 척도는 성공이다. 여기서 성공은 여러 가지 방법으로 정의될 수 있다. 어떤 사람은 그것을 경제적인 측면에서 찾는데, 즉 재산의 축적, 수입, 순이익 등으로 성취 정도를 측정한다. 예수는 어리석은 부자를 들어 우리들에게 한 예를 보여주신다(눅 12:13-21). 또 어떤 사람들은 도덕적인 측면에서 성취 정도를 측정한다. 이에 대한 한 예로, 어려서부터 계명을 잘 지키면서 선한 삶을 살아 왔다고 주장한 한 관원을 들 수 있다(눅 18:18-30). 또 어떤 사람들은 가족이나 교회 혹은 사회를 위하여 선행을 하는 봉사의 삶에서 무엇인가를 성취하고자 한다.

신분중심 문화에서 신분은 영속적이 되는 경향이 있다. 반면, 신분이 획득되는 문화에서는 그렇지 않다. 운동선수들은 먼저 공적으로 좋은 평판을 얻어도 더 젊은 선수들이 그들을 능가할 때면 쉽게 잊혀진다. 사업가들은 최초의 계약실적으로 칭찬을 받지만, 근래 중요한 업적을 아무것도 이루지 못했다면 금방 사람들의 구설수에 오르게 된다. 작가는 최근의 책으로 명성을 얻거나 혹평을 듣지만, 최신작이 없을 때는 위와 마찬가지이다. 존경심은 현재 상황에서 계속되는 성공으로 얻어진다. 바울에 대한 고린도교인들의 대우를 생각해 보자. 고린도교회에 한 파벌이 생겨서 바울의 후임으로 그들 가운데서 사역하면서 설교로써 그들을 계속 감동시키는 아볼로를 지지하며, 성공적인 사역을 마친 후 그들을 떠나서 약속대로 돌아오지 못한 바울을 낮게 평가하였다.

획득한 지위를 가진 사람은 종종 자신과 타인에 대하여 상당히 비판적인 태도를 갖는다. 그들은 자신의 공적에 좀처럼 만족하지 않고 좀더 많은 것을 이루려고 계속 노력한다. 그들은 과거에 이루어 놓은 것들을 쉽게 잊고 새로운 목표를 성취하려고 계속 노력한다. 마르다와 같이(눅 10:38-42), 그들은 자기들보다 적게 일하는 사람들을 유심히 살피면서 그들을 부당하거나 게으르다고 판단한다. 이러한 비판적인 사고방식은 다른 사람보다 재능이 적은 사람들에게 심한 시기심과 자기비하를 불러일으킬 수 있다. 한편 그것은 점점 더 높은 목표를 추구하고 자신보다 재능이 적은 사람들을 비웃도록 유도해간다.

성취자(achiever)는 다른 성취자들을 좋아하고 존경한다. 그들은 가족의 유산이나 개인의 신분을 중요시하지 않는다. 세례 요한의 가르침을 따랐던 아볼로는 성경에 대한 그의 지식과 그 지식을 전파하는 강력한 능력으로 인해 새로운 헬라인, 그리스도인들에게 쾌히 받아들여졌다(행 18:24-28). 미국인들 역시 성공적인 사람들을 좋아한다. 자니 카슨은 최근에 생활 전반에 걸쳐 성공적이었던 사람들과 연속 좌담을 하는 최장기 TV쇼를 제작하였다. 유능한 전문인들은 자니 카슨 프로그램의 초대손님들처럼 가정환경이 다르고, 윤리적 종교적 배경이 다르며, 다

도표 7. 신분중심과 성취중심

신분중심(주어지는 신분)	성취중심(획득되는 신분)
1. 개인의 신분은 출생과 계급에 의해 결정된다.	1. 개인의 신분은 그 사람의 업적 여부로 결정된다.
2. 사람이 받는 존경도는 영속적으로 고정되어 있다. 즉, 높은 사회적 지위에 있는 사람은 개인적인 단점에도 불구하고 주목의 대상이 된다.	2. 사람이 받는 존경도는 성공과 실패 여부에 따라 달라진다. 즉, 개인의 업무수행능력에 주목이 집중된다.
3. 개인은 자신의 역할을 잘 수행하면서 더 높은 지위를 얻도록 희생을 강요한다.	3. 개인은 극단적으로 자아비판적이며, 항상 더 나은 것을 성취하려고 희생을 감수한다.
4. 사람들은 사회적으로 비슷한 지위에 있는 사람들과 교제한다.	4. 사람들은 배경에 관계없이 동등한 업적을 이룬 사람들과 교제한다

방면에서 활동하는 다양한 동료들을 기뻐한다. 그들의 상호작용에 바탕이 되는 공통적인 토대는 그들의 공적과 무엇인가를 이루어 낸 사람들에 대한 상호존경심이다.

인간적 자기가치관에 대한 성서의 견해

초문화 사역자들은 개인의 주체성과 자아가치의 근거에 대하여 스스로가 어떤 개념을 갖고 있는지 반드시 알아야 한다. 그리고 그들은 똑같은 문제에 대하여, 그들이 채택한 문화 가운데 취할 태도를 결정하여야 한다. 도표 7은 그들이 발견할 수 있는 두 개의 기본성향을 요약한 것이다. 즉 (1) 신분중심-신분은 가족배경과 사회적 지위에 근거한다. (2) 성취중심-신분은 최초의 업적을 통하여 획득된다. 독자는 예수께서 두 성향 모두를 부적당한 것이라고 거부하신다는 것을 알면 깜짝 놀랄 것이다.

예수는 지위와 사회적인 명예에서 자신의 가치를 찾는 사람들을 꾸짖으신다. 누가복음 14장 7-11절에서 그분은, 상석을 찾는 이들의 자기과시가 수치로 끝날 것이라고 경고하신다. 그분은 상석보다는 오히려 낮은 자리를 취하라고 권고하신다.

그때나 지금이나 집에 손님을 초대하는 것은 흔한 일이다. 예수는 친구나 친척, 그리고 같은 사회계층이나 직업을 갖는 사람들과 이웃사람들만을 초대하지 말라고 권고하신다(12절). 중산층이면서 경제적으로 비교적 안정된 우리들 중에서, 과연 가난한 사람들과 함께 생활을 하거나, 혹은 우리가 사역하는 보통 사람들을 저녁식사에 초대하는 사람이 얼마나 될 것인가? 내가 방문했던 대부분의 제3세계 선교사 거주지(mission compound)는 그들 특수사회의 최상수준과 맞먹는 생활수준이었다. 이들 사택에서 가난한 사람들은 손님으로 있지도 않았고, 오히려 그들의 종이었다. 그러나 예수는 가난한 사람들을 귀빈으로 모시라고 명하신다(13-14절).

누가복음 14장 26절에서 예수는 유대인의 사회적 전통의 핵심부에 일격을 가하신다. 귀족인 조상에게서 물려받은 신분, 유리한 결혼으로 얻은 명예, 유력한 가문의 일원으로서 얻은 부와 권력들은 유대인에게 세속적인 성공을 증명해 주는 것이었다. 예수께서는 무리에게 이르시기를, "무릇 내게 오는 자가 자기 부모와 처자와 형제와 자매와 및 자기 목숨까지 미워하지 아니하면 능히 나의 제자가 되지 못하고"라고 하셨을 때, 그분은 그들이 가진 사회생활의 기본전제를 거부하신 것이다.

이와는 완전히 대조적으로, 예수께서는 제자들에게 섬기는 사람이 되라고 말씀하셨다. 마태복음 20장 25-27절에서 예수께서는 "누구든지 크고자 하는 자는 너희를 섬기는 자가 되고 너희 중에 누구든지 으뜸이 되고자 하는 자는 너희 종이 되어야 하리라."고 말씀하신다. 바울은 빌립보서 2장 5-7절에서, 예수께서 스스로 본을 보이셨다는 것을 "그는 근본 하나님의 본체시나…"라고 말하고 있다.

상속된 신분을 반영하는 생활방식을 갖는 사람들은 그들의 사회적 지위 때문에 종의 도가 매우 불편한 일임을 발견한다. 그러한 사람은 그들의 생활수준을 합리화하려 하고 선교관(the mission compound)을 유지하거나 문화적으로 수준 높은 교외 생활에 대한 그럴 듯한 구실들을 갖고 있다. 그들을 아마 그들의 역할을 수행하라는 요구 때문에 너무 바빠서 가난한 사람들은 손님으로 초대할 시간이 없을지 모른다. 혹은 가난한 사람들은 심지어 그들의 종이 될 수도 있다. 그런 사람들은 말씀을 듣기만 하는 자이고 행하는 자가 되기가 매우 어렵다.

이제 자신의 공적으로 긍지를 갖는 사람들을 살펴보자. 그들은 예수를 위해 끝없는 봉사를 하고 있는 마르다(눅 10장)나, 모든 계명을 지켜왔다고 말하는 부유한 젊은 관원 같은 사람일 수 있다. 그들은 선행을 하고 좋은 사람이 되고자 하는 이기적인 욕구를 가졌을 수도 있으며, 일을 잘 수행하지 못하는 이들을 멸시할 수도 있다.

그 부유한 청년 관원은 예수께 이렇게 말했다. "이것은 내가 어려서부터 지켰나이다"(눅 18:21). 그는 규율을 알았고, 또 지켜 행하였으며, 그의 문화의 모든 기준에 따라 의로운 생활을 한 성취자였다. 얼마나 많은 선교사, 기독교 사역자들이 이와 같이 스스로의 의의 기준을 성취하고, 그들의 일상생활에서 흠없이 보이고자 하는가? 그들이 하나님 앞에서 자신들의 죄성을 인정한다고 하더라도 그들의 삶은 그들 주변의 모든 죄와는 대조적으로 모범적인 것처럼 보인다.

부유한 젊은 관원에게 예수는 단순한 명령을 하였다. "네게 있는 것을 다 팔아 가난한 자들에게 나눠 주라… 그리고 와서 나를 좇으라"(22절). 예수는 그가 행하기에 불가능한 것을 요구하셨다. 우리는 가끔 이 명령이 우리에게 어떻게 적용되는지 깨닫지 못하지만, 예수의 제자들은 그것에 담겨진 명백한 의미를 알았다. 그들은 "그러면 누가 구원을 얻을 수 있나이까"(26절)라고 묻는다. 그들은 예수께서 우리 모두에게 불가능한 것을 요구하신다는 것을 깨달았다. 만일 우리가 가진 것 모두를 팔아 그것을 가난한 자들에게 주지 않고 예수를 따랐다면, 우리는 충분히 할 바를 행한 것이 아니란 말인가!

여전히 우리는 우리의 성취를 통한 자아가치를 계속 추구한다. 마르다와 같이 우리는 우리와 함께 살고 우리와 함께 일하는 불완전한 사람들을 평가하게 된다. 선교재산을 돌보지 않고, 우리 것들을 훔치며, 우리를 즐겁게 하기 위해 거짓말을 하며, 우리와 비교할 때 윤리적으로 뒤떨어지는 원주민 그리스도인들을 우리는 게으르고 낭비가 심하며 육신적이라고 멸시한다.

예수께서는 다음과 같이 마르다를 꾸짖으신다. "마르다야, 마르다야, 네가 많은 일로 염려하고 근심하나… 한 가지 만이라도 족하니라"(눅 10:41-42). 예수께서는 본문에서 한 가지 일이 무엇인지 말씀하시지는 않으신다. 오히려 그분은 마리아가 "좋은 편을 택하였다"고 말씀하신다(42절). 마리아는 주님의 발 아래 앉아 그분의 말씀을 들었다(39절). 자신의 성취를 통해서 진정한 자기가치를 얻을 수 있다고 생각하는 사람은 예수께서 누가복음 14장 26절에서 말씀하신 것을 명심해야 한다. "자기 목숨까지 미워하지 아니하면 나의 제자가 되지 못하고."

진정한 자기가치

우리 인간은 사회적 지위 때문이건 자신의 성취를 통해서건 어떤 지위를 얻게 될 때 자존감(a sense of self-worth)을 느낀다. 모든 문화는 인정과 자기완성을 위한 나름대로의 방법을 규정해 놓고 있다. 본장의 목적은 이러한 형태의 지위추구는 하나님께서 선교사와 모든 믿는 자들에 대해 바라시는 섬김의 도에는 어긋난다는 것을 보이는 것이다.

우리의 자아가치에 대한 성서적 평가가 로마서 3장 10-12절에 요약되어 있다. "의인은 없나니 하나도 없으며, 깨닫는 자도 없고 하나님을 찾는 자도 없고, 다 치우쳐 한가지로 무익하게 되고, 선을 행하는 자는 없나니 하나도 없도다." 많은 그리스도인들이 이 구절을 진심으로 알고 있음에도 불구하고, 자신의 자아가치를 평가하는 데 그것을 심각하게 고려하는 사람은 거의 없다. 오히려 우리는 우리 주위의 다른 사람들과 비교하며 우리의 업무 수행 능력을 계속 측정한다.

그러나 우리의 선천적인 무가치함과 헛된 자기 의에도 불구하고 하나님은 우리를 가치있게 보신다. 누가복음 15장의 잃어버린 양의 비유는, 당신에게 우리를 인도하고자 하시는 하나님의 갈망과, 우리가 자아를 중심으로 한 삶에서 돌이킬 때의 천국을 채우는 기쁨에 대해 강조하고 있다. 그러나 회개가 우리를 가치있게 만들지는 않는다. 단지 그것은 하나님으로부터 가치있는 것들을 선물로 받도록 길을 터주는 것에 불과하다. 바울은 로마서 3장 21-24절에서 "이제는 율법 외에 하나님의 한 의가 나타났으니"라고 설명한다. 이것은 인간의 노력으로 얻어질 수 있는 자기가치가 아니다. "예수 그리스도를 믿음으로 말미암아 모든 믿는 자들에게 미치는 하나님의 의니 차별이 없느니라. 모든 사람이 죄를 범하였으매 하나님의 영광에 이르지 못하더니 그리스도 예수 안에 있는 구속으로 말미암아 하나님의 은혜로 값없이 의롭다 하심을 얻은 자 되었느니라." 더 나아가서, 주체성과 자기가치를 발견하려는 인간적인 시도가 서로를 분리시키고 약자에게는 굴종과 종속을 강요케 하는 반면에, 하나님이 주시는 진정한 자기가치의 선물은 다른 사람을 위해 우리의 생명까지 바치는 섬기는 자세를 우리 안에 생기게 한다(빌 2:5-8).

그러므로 선교사는 자아가치가 세습된 신분이나 획득된 신분에서 얻어지지 않는다는 것과, 예수께서 보여 주신 본처럼 섬기는 자가 되어야 한다는 것을 알아야 한다. 하지만 일상생활의 실제적인 요구가 우리를 둘러싸고 있는 문화적 기준을 인정하고 중시하도록 강요한다. 실제로 바울은 디도서 3장 1-2절에서, 섬김의 도는 우리에게 관원과 권력가와 사회규범(물론 신분이 세습되는 문화가 가진 규범을 말함)에 복종하라고 요구한다는 것을 상기시킨다. 동시에 그는 하나님을 믿는 자들에게 "조심하여 선한 일을 힘쓰라"고 강조한다(18절, 신분이 획득되는 문화의 기준을 반영하는 것). 우리가 하나님 안에서 누리는 자아가치를 갖고 일관된 삶을 살려면 우리가 누구이며, 우리는 무엇을 하는가에 민감해야 한다.

8. 연약함과 긴장

1967년 어느 날 나는 얘프섬에서 야구경기를 관람하고 있었는데, 그것이 마이크로네시아의 문화를 좀더 잘 알 수 있게 해 주리라고는 생각지 못했다. 3회에 한 팀이 계속 안타를 치면서 점수를 늘려 나갔다. 점수판에 12번째 득점이 기록되자, 투수가 글러브를 벗어 던지고 경기장 밖으로 퇴장했다. 그의 동료들도 똑같이 실망을 해서 운동기구를 모으고 집으로 갔다. 따라서 경기장에 있던 팀이 높은 점수 차이로 굴욕을 느껴서 경기를 계속하는 것이 소용없다고 생각하자 경기는 갑자기 종료되었다. 나는 이런 행동을 보고 재미있게 생각했으나, 그런 행동이 의미하는 바를 충분히 이해한 것은 한참 시간이 흐른 뒤였다.

비슷한 사건이 10월 24일, UN의 날에 일어났다. 얘프섬에서 이 날은 항상 축제처럼 진행된다. 사람들이 모든 지방으로부터 와서 다양한 체육행사와 문화행사에 참석했다. 특히 달리기 경주가 보기에 흥미로왔는데, 각 지역에서 가장 빠른 선수를 출전시키고 구경꾼들은 자기 지역선수를 열광적으로 응원했기 때문이다. 나는 경주 때마다 선두주자가 뒤를 흘끗 흘끗 돌아보며 달리는 것을 알아챘다. 그렇게 하면 속도가 느려지는 것을 알았기 때문에 나는 어느 얘프인에게 그 이유가 무엇인지 물어보았는데, 그 대답은 전혀 예상치 못했던 것이었다. 얘프인 주자들은 다른 선수가 자기들을 따라잡을까봐 염려하지 않고, 대신 자기가 남보다 너무 빨리 앞서나갈까봐 염려한다는 것이다. 만일 선두와 거리가 너무 벌어지면 다른 선수들이 경기를 중단하고 코스를 이탈해 버리기 때문에 선두 주자만이 결승점을 지나게 된다는 것이다. 따라서 관중들은 선두 주자가 다른 선수들을 쫓아내고 당황하게 만들었다고 조소를 보낸다는 것이다. 아주 잘하는 것이 좀 못하는 것보다 훨씬 나쁜 것이다. 다른 사람의 연약함에 관심을 가져야 한다는 것이다.

연약함의 은폐

메이어스(1982)는 얘프사회가 연약함을 약점으로 인식하는 문화라고 특정지었다. 이런 관점을 갖고 있는 사람들은 어떤 일이 있더라도 실패나 잘못을 범하지 않으려고 노력한다. 훨씬 앞서가는 주자는 다른 주자들로 하여금 열등감을 갖도록 만든다. 얘프인은 무능하게 보이기보다는 차라리 뛰지 않을 것이다. 똑같은 양상이 다른 상황에서도 적용된다. 마이크로네시아 학생은 시험에 떨어지느니 아예 시험을 보지 않거나, 또는 작문능력이 없다는 것을 보이기보다는 차라리 과제물을 제출하지 않을 것이다. 얘프인들은 단지 실수하고 싶지 않은 것이다. 혹시 실수를 하면 그들은 자기들의 잘못을 감싸려고 무진 애를 쓰거나, 변명을 하려고 한다.

성공한 사람은 그보다 무능력한 사람들에게는 위협이 된다. 미국인 선생이 어떤 마이크로네시아 학생을 공개적으로 칭찬한 실수를 범해서,

그 학생이 동료 학생들에게 심한 비난을 받게 되어 그 후 몇 주 동안 고의적으로 학업을 게을리하게끔 되었다. 그 A학점 학생은 다른 학생들을 무시하고 과시하는 것처럼 비춰진다. 동료 집단은 다른 사람들의 단점을 노출시키는 그러한 부주의한 행동을 싫어한다.

실패나 연약함을 약점으로 생각하는 사람들은 자신의 입장과 행동을 강하게 옹호한다. 그들은 다른 견해를 갖고 있는 사람에게 위협을 느끼기 때문에, 재빨리 다른 사람들이 잘못된 것이라고 우기면서, 자기 쪽의 실수를 부인하려 한다. 그들은 항상 어떤 문제에 관해서 자기들이 옳으며 다른 사람이 틀렸다고 주장한다. 일상적이 아닌 새로운 일은 그들이 경험해 보지 못해서 그들에게 애매한 상황을 만들어 주므로 즉시 의심을 받는다. 그들은 새로운 상황에 들어가거나 익숙하지 않은 일에 참여하는 것을 싫어한다. 왜냐하면 생소한 환경에서는 일을 잘할 수 없고, 따라서 자기들의 연약함을 감출 수 없으므로 그것이 불안하기 때문이다.

연약함의 노출

이와 대조적으로, 미국인들은 종종 연약함을 노출시키고 실패를 감수하라고 말한다. 예를 들어 운동경기에서 미국인들은 점수차와 상관없이 경기를 끝까지 하라고 주장한다. 야구경기는 한 팀이 20점을 앞서는 한이 있어도 마지막 회까지 간다. 미식축구에서 점수가 74대 0이 되더라도 60분이 될 때까지 경기를 한다. 지고 있는 팀은 참고 경기를 끝까지 치러야 한다. 미국인의 경쟁에서 중요한 점은 일을 끝까지 완수하는

도표 8. 연약함의 은폐 대 연약함의 노출

연약함의 은폐	연약함의 노출
1. 어떤 댓가를 치루더라도 자아상을 방어하며 실수나 실패를 회피한다.	1. 실수나 실패에 관해서 상대적으로 무관하다.
2. 업무 수행의 질(質)을 강조한다.	2. 업무 완수를 강조한다.
3. 자신의 한계를 넘어서거나 생소한 일에 끼어드는 것을 꺼린다.	3. 한계 이상의 일을 하거나 새로운 일을 해보려고 노력한다.
4. 잘못을 부인하며 자신의 약점과 단점을 숨기려고 한다.	4. 잘못이나 약점, 단점 등을 인정한다.
5. 다른 견해나 비판을 받아들이려 하지 않는다.	5. 다른 견해나 비판에 개방적이다.
6. 사생활에 대하여 잘 나누려 하지 않는다.	6. 사생활을 자유롭게 이야기한다.

것이다. 졌더라도 인내했다면 그것은 실패 속에서 개인의 힘을 입증한 것이다.

도중에 중단하거나 자신의 한계를 넘어서려고 하지 않는 사람은 미국사회에서는 조롱을 당한다. 반면에 스스로에 대해 웃을 수 있고, 자신의 실패를 농담삼아 이야기할 수 있으며, 경쟁의 싸움터로 뛰어들 수 있는 사람은 칭찬과 존경을 얻는다. 최고의 운동선수는 실패했다고 침울해지거나 의기소침해지지 않고, 새 힘을 갖고 회복한다.

자신의 연약함을 기꺼이 노출하는 사람들은 자신은 물론 다른 사람의 잘못에 대하여 상대적으로 무관심한 편이다. 그들은 자기의 약점이 노출되는 한이 있더라도 다른 사람에게 배우기를 좋아한다. 토론을 할 때 그들은 다른 사람들의 의견을 잘 받아들이며, 다른 사람들의 비판과 제안에 개방적이다. 그들은 일반적으로 새로운 문제해결 방식을 찾으려고 노력하며, 미개척 영역을 탐구하려 한다.

성서적 관점

신약의 가르침을 잘 살펴보면 우리가 토론하고 있는 두 개의 성향(연약함을 은폐하려는 성향과 노출하는 성향)은 모두 긍정적인 측면과 부정적인 측면을 다 갖고 있음을 볼 수 있다. 누가복음 14장에서 예수는 자신의 약점을 고려하는 것이 지혜롭다고 가르친다. 망대를 세우려는 사람과 싸우러 나가는 왕을 예로 드시면서, 예수는 비용을 계산해 보고, 자신의 연약함을 고려해 보라고 권고하신다(눅 14:28-33). 약점을 고려하지 않는 것은 어리석으며 조롱과 실패를 자초한다. 그러므로 연약함을 약점으로 보는 것은 현명한 일이다. 예수는 제자들에게 겸손의 길을 택하라고 도전하신다. 왜냐하면 그것이 궁극적으로는 명예의 길로 이끌 것이기 때문이다(눅 14:10-11).

동시에 이런 가치 성향에는 함정도 있다. 예수와 유대지도자들 간에 벌어진 빈번한 대화 속에서 많은 예를 찾아볼 수 있다. 그 중 하나가 어려운 질문은 회피하려는 것이다. 안식일에 병을 고치는 것이 옳은 일인지에 대하여 예수께서 유대인들에게 질문했을 때 그들은 대답하지 않았다(눅 14:3-4). 그들은 자신들의 신학적 입장과 실제적 입장의 타당성에 관한 의문을 불러일으키는 문제에 관해서는 토론하려 하지 않았.

또 다른 함정은 어떤 문제에 대한 자신의 해석을 계속 주장하려는 경향이다. 사두개인들이 누가복음 20장에서 제기한 부활에 관한 주장은 예수를 혼란시키고 자신들의 입장을 정당화하려는 시도였다. 예수께서 그들을 논박하시자, 그들은 질문을 그쳤지만(40절) 생각을 바꾸지는 않았다. 그런 태도에 내포된 궁극적인 위험은 잘못을 감추고 실수를 부인하는 것이다. 유대 지도자들이 예수의 권위에 도전했을 때, 예수의 반응은 그들의 연약함을 드러내게 했다(눅 20:1-8). 요한의 세례의 권세에 대한 예수의 질문은 그들을 궁지에 빠뜨렸다. "만일 하늘로서라 하면 어찌하여 저를 믿지 아니하였느냐 할 것이요, 만일 사람에게서로라 하면 백성이 요한을 선지자로 인정하니 저희가 다 우리를 돌로 칠 것이라." 따라서 그들은 "어디로서인지 알지 못하노라"고 간단히 대답했다. 즉 자신들의 위치가 흔들리는 것을 받아들이려 하지 않을 것이다.

성경은 역설로 가득차 있다. 우리가 토론하는 주제도 그 중 하나이다. 예수께서 연약함을 고려해서 실패를 방지하는 것이 지혜롭다고 분명히 가르치셨지만, 한편으로는 약점을 받아들이고 노출하는 것도 지혜로운 일이라고 말씀하시는 것을 본다. 이것은 특히 사도 바울의 서신에서 명확하게 나타난다. 자기 자신의 인생 경험에 비추어서(고후 12:7-10), 바울은 자신의 약함을 안 것이 하나님과 그분의 능력에 의지하게 했다고 기록한다. "그러므로 내가 그리스도를 위하여 약한 것들과 능욕과 궁핍과 핍박과 곤란을 기뻐하노니 이는 내가 약할 그때에 곧 강함이니라"(10절).

바울은 연약함이 신자들에게 잠재적인 힘의 원천이라고 주장한다. 그리스도께서 약함으로 십자가에 못박히셨지만 하나님의 능력으로 다시 사셨듯이, 신자들도 "우리도 저의 안에서 약하나 너희를 향하여 하나님의 능력으로 저와 함께" 살 것이다(고후 13:4). 개인적인 연약함은 다른 사람들에게 있는 장점을 보게 해 주기도 한다. 바울은 "우리가 약한 때에 너희의 강한 것을 기뻐하고 또 이것을 위하여 구하니 곧 너희의 온전하게 되는 것이라"(9절)고 간증한다. 자신의 연약함을 받아들이는 것은 다른 사람의 힘과 도움에 개방적이 되는 것이다. 더 나아가서, 약점을 장점으로 나눌 수 있는 기회로 보게 되면 다른 사람들을 깎아내리지 않고 세워주게 된다. 그러나 사람들은 너무 자주 교회에서의 약점이나 실패를 없어져야 할 것이라고만 생각한다. 바울은 자기와 다른 사람에게 있는 약점을 수용했을 뿐만 아니라, 고린도 교인들에게 편지하기를, 주께서 자신에게 권세를 주신 이유가 "그들을 파하지 않고 세우려" 하심이라고 했다(10절). 반면에 연약함을 노출하고 실패의 위험을 무릅쓰라고 조장하는 사회는 자기의(Self-righteousness)라는 함정에 쉽게 빠진다. 다른 사람의 약점을 노출함으로써 우리는 그들을 향하여 짐짓 긍휼을 베푸는 듯한 태도를 발전시킬 수 있다. 어떤 고린도교인들은 바울을 편지의 내용보다 실제로는 못한 사람으로 평가하고, 이런 약점 때문에 바울을 무시했다(고후 10:10-12). 이와 관련된 위험은 우리와 다른 방식으로 생각하는 사람들에 대해서 비판적인 태도를 갖는 것이다. 고린도 교회에서 바울의 추종자와 아볼로의 추종자들이 만든 분당이 그런 태도의 결과였다(고전 3:4). 가장 큰 위험은 자기중심적인 오만인데, 이것은 자기 자신과 다른 사람들의 약점이나 실수에 대하여 무관심한 태도인 것이다(고전 4:18-5:2). 자신의 약점을 받아들이는 것이 하나님의 능력을 의지하게도 하지만, 반면에 하나님보다는 자신에게 초점을 맞출 때 그것은 죄에 대하여 무관심한 태도를 갖도록 만든다.

지금까지 논의한 것을 종합하면, 성경은 이 두 개의 가치성향 중 어느 것 하나를 완전히 배제하면서 나머지 하나를 지지하지는 않는다는 것이 분명해진다. 어느 행동방식도 하나님의 무조건적인 축복을 받지는 못한다. 양자 모두 선하게 사용될 수도 있고 악하게 사용될 수도 있다. 예를 들어, 자신의 연약함을 노출하기 두려워하는 사람들은 자신들의 한계를 넘어서지 않도록 지혜롭게 계획을 세울 수 있으며, 그럼으로써 그들은 다른 사람들의 약점과 필요에 관심을 보일 수 있다. 동시에 그런 사람들은 자신들의 연약함을 부인하고 잘못을 숨기며, 표면상으로는 경건하나 실제로는 자기방어에 급급하여 자신의 입장을 매우 열렬하게 옹호한다. 어떤 사람들은 자기의 실수를 인정하면 다른 사람들을 갈등과 어려움에서 구해낼 수 있는데도, 실수를 인정하려 하지 않는다.

반면에 위험을 감수하는 사람들은 개인 생활에 있는 약점을 자유롭게 노출시키며, 실수하거나 실패하는 것을 지나칠 정도로 염려하지 않는다. 그러나 만일 그들이 애프사회와 같은 곳에서 자기 잘못을 노출하면 몹시 해로운 결과가 따른다. 그런 사람들은 아마도 다른 사람들 역시 자기들의 약점을 노출시킬 거라고 생각할지 모른다. 그러나 대다수 사람은 그렇게 하지 않는다. 개인의 자유가 다른 사람을 향한 비판적인 태도나 짐짓 겸손한 태도로 발전할 위험이 있다.

더 나아가서 연약함을 노출시키는 태도는 개인의 생활과 활동을 부주의하게 할 수 있다. 예를 들어서, 다음과 같이 말을 할 수 있다. "왜 실수에 그렇게 연연해 하십니까? 우리 모두가 다 실수합니다." 또는 "항상 잘할 수는 없어요!" 그런 말은 다른 사람보다는 자기 중심으로 한 것으로 이기적인 목적을 이루기 위해서 가치를 조작한 것이다.

대면을 회피함

1979년에 얘프섬에서 연구를 하고 있는 동안, 나는 한 얘프인을 해고해야 하는 달갑지 않은 일에 부딪쳤다. 그는 섬 전체를 조사하는 데 도움을 주도록 훈련받은 사람 중 하나였는데, 그는 나의 의도를 너무도 이해하기 어려워 했으므로 그를 더 이상 고용할 수 없다고 결정을 내렸다.

얘프인들은 대체로 약점을 감추려 한다는 것을 알았기 때문에, 나는 이 문제를 가능한 한 부드럽고 은밀하게 다루기로 결심했고, 그 사람의 체면을 손상시키지 않고, 그와의 관계를 계속 원만하게 유지하기를 희망했다. 그래서 나는 어느 날 오후 그를 불러서 할 수 있는 한 최대로 부드럽게 그가 일자리를 잃었노라고 이야기했다. 그에게 급료를 주는 것이 쓸모없는 일이라고 느꼈기에 나는 관대하고도 그리스도인다운 방법으로 그 문제를 잘 처리했다고 생각했다.

유감스럽게도 그 젊은이는 그 문제를 매우 심각하게 받아들였다. 그는 완전히 체면을 잃었으며, 그 이후로 아무리 내가 노력을 해도 그는 더 이상 나와 상관하지 않으려 했다. 나의 일에만 관심이 있었더라면, 나는 그 문제를 별것 아닌 것으로 잊었을 것이다. 그러나 그리스도인으로서 나는 그리스도의 사랑을 불신자에게 전할 수 있는 기회를 잃었다고 느꼈다.

얼마 후 나는 설문조사에 관한 통계를 담당하는 다른 얘프인 때문에 곤란을 겪었다. 가능하면 먼저 번 사람 때와 같은 불상사를 피하고 싶었기 때문에 나는 얘프인 친구 목사에게 조언을 구했다. "누군가 한 사람을 대신 보내서 그 사람에게 이야기하게 하세요"라고 그는 지체없이 말했다. 나는 깜짝 놀랐다. 어떻게 그렇게 할 수 있는가? 그런 비겁한 방법을 쓰는 것은 내 성격과는 완전히 맞지 않는 것이었다. 그러나 나의 친구 목사는 그것이 문제를 해결하는 유일한 방법이라고 계속 나를 설득했다.

    나는 나를 위해서 일하고 있는 어느 나이든 분에게 부탁하여 나 대신 그 좋지 못한 고용인에게 가서 꾸중을 해 달라고 했다. 그는 지체없이 그렇게 하겠다고 대답했다. 우리는 그 고용인이 살고 있는 마을로 차를 타고 갔고, 가서 매우 지혜로우면서도 효과적인 방법으로 그 사람의 일에 대한 나의 실망을 전하고 또다시 그런 문제가 반복된다면 그를 해고 하겠다는 나의 의사를 분명히 전했다. 그리고 나서 우리는 사무실로 돌아왔고, 그 사람이 어떻게 반응할지를 보려고 두 주일 동안을 기다렸다. 그가 새로운 설문지 한 묶음을 갖고 사무실에 돌아왔을 때 그는 마치 오랫동안 못 본 친구에게 하듯 나에게 인사를 했다. 우리는 포근하고도 활기에 찬 대화를 나누었으며, 우리의 관계는 이전보다 훨씬 견고해졌다. 그의 일은 만족할 만했을 뿐 아니라 뛰어났다. 그리고 그는 내가 가장 믿을 수 있고 유익한 고용인 중 한 사람이 되었다.

    나는 첫 번째 사람이 나를 완전히 거절한 반면에 두 번째 사람은 어떻게 그렇게 긍정적으로 반응을 보였는지에 관하여 의문이 생겼다. 나의 친구 목사가 그 문제를 아주 간단히 설명해 주었다. 애프섬에서는 면전에서 상대방의 잘못을 이야기하는 것이 마치 보잘 것 없는 아이를 다루듯이 그 사람을 다룬다는 것을 뜻한다고 한다. 내가 두 번째 사람에게 전달자를 보낸 것은 그 사람을 나와 동등하거나 우월하게 생각해서 면전에서 그의 약점을 비난하거나 노출시킬 수 없다는 것을 뜻한 것이다.

그는, 내가 그에게 전달자를 보내는 대우를 받았고, 그 대우에 대한 보답으로 내가 그에게 기대했던 수준의 일을 해 주었던 것이다.

이렇게 대면하기를 꺼리는 것이 많은 비서구인들의 특징이다. 그런 문화에서는 관계를 형성하거나 갈등으로 인해 생긴 틈을 회복하기 위해서 중재자가 꼭 필요하다. 미국식 교육은 그와 같은 중재의 필요성을 부인한다. 지도자로서 나는 그 사람을 인격적으로 꾸짖기 위해서 달갑지 않은 의무를 받아들여야 했다. 다른 사람을 보낸다는 것은 나의 권위와 책임을 양도한다는 것이다.

이같은 사례연구가 주는 교훈은, 우리 그리스도인들은 우리가 사역하는 문화 속에 성육화(incarnate) 되어야 한다는 것이다. 나의 미국인 그리스도인 친구 중 많은 이들이 마태복음 18장 15절을 언급하면서 이에 반대를 한다. 그 구절은 형제가 잘못을 범하면 가서 그의 잘못을 지적해 주되 "둘 사이에서만" 하라고 한다. 나의 대답은 그 애프 고용인은 사실상 그 전달을 우리 둘 사이에서만 있는 것으로 본다는 것이다. 중개인을 이용하는 것은 단지 그에게 나의 존경을 보이는 하나의 방법이다. 전달자는 마치 전화기가 말을 전달해 주는 것처럼 내 말을 전해 준 것이며, 차이가 있다면 거기에 인격적인 차원이 더해져서 온화한 사랑이 담긴 관심을 보여 주었다는 점이다.

유대문화에서도 역시 개인적인 소식이 종종 중개인에 의해서 전해졌다. 이에 대한 가장 적절한 예는 아마도 예수께 자기 종을 고쳐달라고 부탁한 백부장의 경우가 될 것이다. 마태복음 8장 5절은 "한 백부장이 나아와 가로되"라고 기록한다. 누가복음 7장 3절은 "(백부장이) 예수의 소문을 듣고 유대인의 장로 몇을 보내어 오셔서 그 종을 구원하시기를 청한지라"고 기록한다. 복음서 기자들은 서로 모순되지 않는다. 이것은 내가 말했던 사람과 똑같은 경우이다. 백부장은 중개인을 통해서 실제로 예수께 왔고, 그가 예수를 자기와 동등하거나 높은 분이라고 느꼈다는 사실을 보여 주었다. 본문은 그가 유대풍습을 존중했기 때문에 예수께서 이방인의 집에 들어감으로써 그것을 어기도록 요구하지 않았음을 보여 준다.

비서구 문화권에서 사역하는 선교사로서 우리는 연약함이라는 문제에 현명하게 대처해야 한다. 직접 대면해서 다른 사람의 약점을 노출시키고 그럼으로써 복음 안에 있는 그리스도의 사랑을 증거하지 못하게 된다면 그것은 큰 잘못이다. 우리는 갈등을 처리하는 법과, 필요할 때 온유와 사랑으로 책망하는 방법을 다시 배워야만 한다. 우리는 자신의 문화에서 동역자들과 상호 사랑의 띠와 교제를 견고히 하기 위하여 중재의 방법을 효과적으로 사용할 수도 있을 것이다.

연약함과 성육화

우리는 우리 자신의 문화에서의 권위와 갈등을 다루는 방법을 계속 따르려는 함정에 자주 빠지는데, 심지어 그러한 방법이 다른 사람들을 짓밟고 상처를 입혀서 그들과의 관계를 소원하게 만드는 때에라도 그럴 때가 있다. 바울은 그의 서신에서 더 나은 방법에 관하여 나누는데, 그것은 우리가 섬기는 사람들의 문화에 성육화되는 방법이다. "약한 자들에게는 내가 약한 자와 같이 된 것은 약한 자들을 얻고자 함이요 여러 사람에게 내가 여러 모양이 된 것은 아무쪼록 몇몇 사람을 구원코자 함이니"(고전 9:22). 바울은 자신의 정서생활과 영적생활에서 누가 아파하면 같이 아파하고, 누가 실패로 슬퍼하면 같이 슬퍼하는 놀라운 감정이입을 보였다(고후 11:28-29). 그는 영적 지도자이자 그리스도의 종인 우리에게 "우리 강한 자가 마땅히 연약한 자의 약점을 담당하고 자기를 기쁘게 아니할 것이라 우리 각 사람이 이웃을 기쁘게 하되 선을 이루고 덕을 세우도록 할지니라"(롬 15:1-2)고 명한다. 타인에 대하여 비판적 태도를 일관하거나 대면해서 꾸짖기보다는 사랑하며 인정해 주고 같은 마음을 품으라고 권고한다. 죄는 그냥 넘어가지 않되 죄인은 포용하라는 것이다. 히브리서 기자는 5장 1-2절에서 제사장(혹은 영적 지도자도 포함될 수 있다)의 조건에 대하여, "저가 무식하고 미혹한 자를 능히 용납할 수 있는 것은 자기도 연약에 싸여 있음이라"고 기록한다. 우리는 항상 우리 자신의 연약함을 인식하고 있어야 한다. 왜냐하면 그렇게 할 때 다른 사람의 연약함을 온유하게 다룰 수 있기 때문이다.

그러므로 기독교 사역자들은 연약함, 사역하는 문화권이 가지고 있는 지배적인 가치, 그리고 관계를 맺어야 하는 사람들이 갖고 있는 성향 등에 관하여 스스로가 어떤 관점을 갖고 있는지를 알아야 한다.

하나님은 약한 자를 택하셨다는 것을 기억해야 한다(고전 1:27). 이것이 의미하는 바는, 우리의 기대치에 늘 미치지 못하는 우리 주위의 사람들 모두는 하나님께서 그 일을 하도록 선택하신 사람들이라는 것이다. 그들과 동역하면서 그들을 세워 주는 것은 우리의 책임이다(고후 13:10).

아마 훨씬 더 중요하게 인식해야 할 것은 우리 자신과 모든 하나님의 종들이 계속 약할 것이라는 것이다(고전 4:10). 우리의 동기는 기본적으로 이기적이며, 우리의 능력은 충분치 못해서 어떤 상황에서 발생하는 모든 요구를 다 해결할 수는 없다. 이 사실을 받아들이려 하지 않는다면, 우리는 계속 자기 의를 내세우며 다른 이들에게 짐짓 겸손을 보이는 함정에 빠질 것이다. 예수는 우리 자신의 약점을 주의깊게 고려해서(눅 14:28, 31) 겸손의 길을 택하라고 경고하신다(10-11절).

마지막으로 우리는 사도 바울이 빌립보서 2장 3-4절에서 준 원리를 적용할 필요가 있다. "아무 일에든지 다툼이나 허영으로 하지 말고 오직 겸손한 마음으로 각각 자기보다 남을 낫게 여기고 각각 자기 일을 돌아볼 뿐더러 또한 각각 다른 사람의 일을 돌아보아 나의 기쁨을 충만케 하라." 애프인이나 아시아인 혹은 아프리카인이 경쟁과 실패에 대하여 갖는 태도를 고려해 볼 때, 우리는 그들의 연약함에 민감해야 하며, 우리의 가치관을 그들에게 강요해서는 안된다. 너무나 자주 우리는 문화적 자만에 빠져서, 우리가 사역하는 이들에게서 발견되는 약점을 비웃곤 한다. 비극적으로, 그들 역시 우리에게서 약점으로 보이는 것을 비웃는다. 이런 헛된 자만의 태도가 선교사와 내국인 간에, 그리고 목사와 평신도 간에 상호 불신의 벽을 만들고, 그리스도의 몸을 세우는 사역을 크게 손상시킨다.

9. 150퍼센트의 사람

개인의 가치관과 문화체계

본서를 통해서 우리는 미국의 문화를 공유된 가치관과 사고의 집합체로 간주하였다. 그렇지만 미국인 모두가 그러한 가치관과 사고체계를 똑같이 갖고 있는 것은 아니다. 사실 각 개인의 가치관은 독특하며, 우리 사이에도 가치성향의 측면에서 보면 많은 차이점이 있다. 이와 비슷하게 얘프인, 중국인, 남미인, 그리고 아프리카인들은 모두 복합 민족이다.

모든 문화는 개인에게 특정행동에 대한 보상을 한다. 더 나아가서 사람들은 자신의 문화가 스스로에게 자연스럽지 않거나 받아들여지지 않는 방식으로 행동하도록 압력을 넣을 때, 때때로 자신의 문화 때문에 좌절을 경험한다. 문화의 주된 목적은 개개인이 사회에서 공존하도록 강요하는 것이다. 그것은 사람들이 서로에게 순복해서 한 사회를 속에서 공존하도록 압력을 넣는다. 다른 모든 사회와 마찬가지로 얘프사회도 서로 다른 얘프인들이 공통의 규율 하에서 공존하도록 압력을 가한다는 점에서 강압적이다. 그리고 그러한 규율은 우리 것들과 마찬가지로 선용될 수도 있고 악용될 수도 있다.

　문화체계에 의해 그 사회의 윤리적 차원은 결정된다. 그러나 윤리적이거나 비윤리적인 성격을 지니는 것은 문화가 아니라 그 문화 속에서 살고 있는 인격체인 것이다. 언어처럼 문화는 단지 의사소통과 상호작용을 하기 위한 도구일 뿐이다. 성서는 한 입에서 축복과 저주가 나온다고 말한다(약 3:10). 즉 우리는 다른 사람을 축복하기 위해서 우리의 언어를 사용할 수도 있고 저주하기 위해서 사용할 수도 있다. 그리고 우리가 누구를 저주한다면 문화나 언어에 잘못이 있는 것이 아니라 그렇게 사용한 우리의 마음에 있는 것이다. 문제는 우리의 가치관과 문화를 어떻게 사용하느냐에 있다. 그것들을 이기적으로 자신만의 이익을 위하여 사용한다면, 우리의 가치관과 문화는 죄의 도구가 되는 것이다. 그러나 그리스도께 순종하고 그분을 닮기 위해 사용한다면, 그것들은 그리스도를 영화롭게 하고 다른 사람을 사랑하기 위해 사용되는 것이다. 자신의 약점을 숨기려 하는 사람이나 드러내려 하는 사람 모두, 다른 방식이기는 하지만, 주님을 영화롭게 하고 다른 사람을 사랑할 수 있다. 위신을 사회적 지위의 문제로 보는 사람과 업적(achievement)의 문제로 보는 사람 모두 그들의 특수한 관점을 하나님의 영광을 위해 사용할 수 있다. 성공적인 인간관계와 사역을 위한 열쇠는 다른 사람의 견해도 내 것만큼이나 고려해 볼 만한 가치가 있다는 것을 이해하고 받아들이는 것이다.

　우리를 향한 하나님의 계획과 목적은 우리가 그리스도 안에서 완전해지는 것이다. 이것이 의미하는 바는, 우리가 모든 사람에게 모든 것이 된다는 것이다. 다른 문화권의 사람들과 함께 생활하면서, 우리는 그들의 생활방식에 적응을 해야 한다. 덧붙여서 죄가 발견되면 죄인은 문화에서 분리시켜야 한다. 죄는 문화에 있는 것이 아니라 마음에 있다. 예를 들어서 어떤 애프인들은 그들 문화가 신분중심이라는 점을 악용하여 다른 사람에게 엄청난 영향력을 행사하거나 누군가의 명성을 깎아내리기 위해 사용한다. 이것은 분명히 악한 행동이다. 그러나 다른 애프인들은 똑같은 문화적 가치를 이용하여 다른 사람을 세워 주고, 관용하며 친절하게 대한다. 이처럼 똑같은 성향이 선용될 수도 있고 악용될 수도 있다.

성육화와 문화적 가치

우리와는 다른 기준을 갖는 집단에 속하려고 시도할 때, 우리 내부에서는 감정적인 스트레스가 생기며 다른 사람과의 관계에서는 적대감이 생긴다. 이런 이유로 대부분의 사람들은 자기와 비슷한 가치관과 기준을 갖는 집단에만 속하려 한다. 그러나 초문화 사역의 도전을 받는 선교사들과 그외 사람들은 일의 성격상 매우 다른 사람들과 인격적으로 깊은 관계를 맺어야 한다. 그리스도께서 보여 주신 성육신의 본을 따른다는 것은 인격적으로 뿐만 아니라 사회적으로도 급격한 변화를 겪는다는 것을 의미한다. 1장에서 보았듯이, 초문화 사역자들은 새로운 문화적 환경으로 완전히 다시 사회화되어야 한다. 그들은 먹고 말하는 습관에서부터 일하고 놀고 예배하는 방식에 이르기까지의 모든 것에 무지하고, 의존적이며 무력한 아이처럼 문화 속으로 들어가야 한다. 그리고 이 모든 것을 그리스도의 정신으로, 즉 죄가 없이 행해야 한다.

성인으로서 아이인 것처럼 완전히 새롭게 시작할 때 엄청난 스트레스와 감정적인 갈등이 생겨난다. 자신의 일생을 통해서 체득된 사고방식과 생활방식을 고쳐야 하기 때문이다. 2장에 있는 기본가치의 모델은 우리의 기본적인 성향이 어떠하며, 그것이 어떻게 우리의 개인적인 행동체계의 뼈대를 세우는지, 그리고 우리가 다른 사람의 행동을 평가할 때의 기준은 무엇인지 알 수 있도록 도와 주는 것이 그 목적이다. 이 모델은 인간관계와 갈등에서 기본가치의 역할을 비판적으로 살펴볼 수 있는 도구가 될 수 있다. 자신의 모습을 이해하게 되면, 다음에는 다른 사람들의 가치관을 조사해 봐야 한다. 물론 설문지를 사용하는 것이 가끔 불가능할 때가 있으며, 어떤 문화적 상황에서는 그렇게 하는 것이 적절하지 못하기도 하다. 그러므로 주변 사람들의 행태를 주의깊게 조사해서 그들의 개인적인 가치와 문화적 가치관의 윤곽을 그리도록 해야 한다. 본서를 통하여 나는 얘프인들의 생활에서 직접 관찰한 것과 그들 행동의 이면에 숨어 있는 동기에 관하여 그들이 들려 준 것을 토대로 그들이 공유하고 있는 가치관에 관한 가설을 세웠다. 이러한 자료로부터 나는 얘프인이 종합적인 사고체계를 갖고 있으며, 행사지향적이면서 동시에 비위기의식지향적이라고 제안하였다. 얘프인 개개인이 각기 개성이 다르고 이러한 성향에 순응하는 정도도 다르지만, 공유하는 문화는 그들에게 어떤 특수한 요구를 한다.

어떤 문화 혹은 하부문화에 성육화되려면, 거기에 적응하는 법을 배워야 한다. 우리의 관찰 결과를 토대로 하여 그 문화가 갖고 있는 가치에 대한 이론적 틀을 만들어서 스스로의 가치체계와 비교해 보면 유익할 것이다. 이러한 비교를 통하여, 효과적인 사역을 하려면 우리의 성향 중 어떤 부분이 변화되어야 하고 조정되어야 하는지를 찾아낼 수 있을 것이다. 예를 들어서 우리가 매우 시간지향적이라면, 행사성향이 강한 문화에서는 크게 갈등을 일으킬 것이다. 그러한 문화에 성육화되려 한다면, 시간과 일정에 관한 우리의 가치관과 행태를 재평가하고 수정해야 한다. 새로운 생활전략을 개발할 필요가 있을 것이다. 이러한 과정은 내적인 스트레스를 유발시키고, 우리 자신의 문화가 우리에게 주입시키는 가치관대로 살지 못하는 데서 죄책감과 좌절감을 경험할지 모른다. 그러나 중요한 것은, 우리가 다른 사람들을 더 낫게 여기고 그들에게 순복하기를 바라시는 하나님의 뜻에 순종하는지의 여부이다.

우리의 가치관과 그들의 가치관 사이에는 크건 작건 차이가 있음을 발견하게 될 것이다. 나는 다른 사람에게 있는 차이점을 수용하고, 심지어는 다문화적(multicultural)이 되라고 도전한다. 즉 자신의 문화를 버리고 다른 사람의 문화로 들어가서 자신의 방식이 아닌 그들의 방식으로 살 수 있게 되라는 것이다. 이것은 간단한 일이 아니다. 왜냐하면 그렇게 하기 위해서는 우리의 학습형태가 엄청난 변화를 겪어야 하기 때문이다. 우리는 대부분의 생활을 자기 자신의 문화라는 주어진 환경에서 배운다. 우리는 환경에 대하여 의문을 품지 않으며, 그것만이 옳은 것이라고 생각한다. 한편 다른 문화권에 있는 사람들은 상이하게 규정된 환경에서 생활방식을 습득한다. 거기에 갈등이 있다. 다른 문화 속에서 학습을 시작할 수 있기 전에 우리는 환경의 변화를 받아들여야 한다. 새로운 환경도 옳으며, 본질적으로 선하다고 생각해야 한다. 자신의 문화를 기준으로 해서 인식하는 것이 이제는 적합하지 않다는 것을 자각해야 하며, 새로운 환경에 대하여 배우되 어린아이처럼, 그러나 성인의 속도와 지혜로 배워야 한다.

150퍼센트 사람

1장에서 언급한 바와 같이, 모든 선교사와 그리스도인의 목표는 최소한 150퍼센트 사람이 되는 것이다. 다른 문화에 100퍼센트 성육화되는 것은 인간적으로 불가능할 것이다. 유한한 인간인 우리는 능력과 정신의 한계가 있다. 우리는 다른 문화에 완전히 성육화할 때 수반되는 변화를 견딜 만한 정서적인 힘이 부족하다. 우리는 연약한 사람이지만 하나님은 약한 자를 사랑하고 그분의 목적을 이루시기 위해서 그들을 사용하신다는 것을 분명히 하셨다. 따라서 우리가 섬기는 사람들의 문화에 최소한 부분적으로라도 성육화하려는 목표는 하나님의 은혜로 달성될 수 있다.

하나님이 우리를 창조하셨고 그분의 행사는 선하다는 사실을 기탄없이 받아들이면서 성육화 과정을 시작해야 한다. 우리의 이력(履歷), 개인적인 시련과 승리, 약점과 장점 등은 우리 안에서 그분의 창조적인 사역을 계속하려고 사용하시는 소재들이다. 우리의 삶 속에서 그분이 과거에 이루신 사역이 선하다는 것을 받아들이지 않는다면, 그분이 앞으로 우리의 삶 속에서 행하시려는 것을 신뢰하지 않게 될 것이다. 계속 이 사실을 거부하는 것은 다른 문화에 성육화되는 데 최대의 장벽이다. 하나님께서 우리 자신의 문화에서 우리의 인격과 삶을 빚어가시는 것이 선하다는 것을 받아들이지 않는다면, 문화적으로 다른 사람들의 삶 속에서 행하시는 그분의 역사를 받아들일 수 없을 것이다.

성육화 과정에서 두번째 단계는, 타인의 문화를 불완전하기는 하지만 타당한 생활방식으로 받아들이는 것이다. 문화는 일련의 개념적 도구로써 사람들이 그것을 사용하여 환경에 적응을 하고, 의식주와 인간관계를 정돈한다. 모든 문화는 사람들의 독특성과 신분을 규정하는 역할을 하는 특수한 역사적 힘의 산물이다. 모든 문화가 불완전하고, 개인에 의하여 선용되기도 하고 악용되기도 하지만, 각각의 문화는 사람들이 자기 자신과 타인을 이해하는 데 기준이 된다. 그러므로 다른 사회의 구성원들에게 성공적으로 사역을 하려면, 그들의 문화에 관해서 알고 거기에 참여해야 한다. 즉 우리 방식이 아닌 그들의 방식으로 일하는 법을 배워야 한다.

예수께서 죄가 없는 상태로 유대문화에 완전히 성육신하셨다는 것을 기억하는 것이 중요하다. 다른 문화에 성육화되는 것이 윤리적인 순결 상실을 의미하거나 또는 그것을 요구하는 것이 결코 아니라, 이와 반대로 다른 문화에 정말로 성육화되는 대부분의 선교사들이 윤리적 책임감이 고양된 것을 경험한다. 그들은 이전에 자신의 문화에 있을 때 보지 못했던 자신의 죄를 알게 된다. 그들은 또한 초문화적 경험 이전에는 "자의적 숭배와 거짓 겸손과 지혜의 모양"(골 2:23)인 율법주의적인 태도와 행동을 가졌었다는 것을 깨닫게 된다. 그런 사람들은 이제 한때 그들 생활의 규칙이었던 것들이 자신들의 육신적인 성품을 억제하거나 영적인 성장과 성숙을 촉진시킬 수 없다는 것을 발견한다.

초문화사역에서 성장과 성숙의 열쇠는 하나님께 완전히 순종하며 하나님 한분만을 의지하면서 성육화하는 것이다. 유대인들이 안식일을 어기고, 그들의 영적인 규범을 위반했다는 이유로 예수를 고소했을 때,

예수는 "아들이 아버지의 하시는 일을 보지 않고는 아무것도 스스로 할 수 없나니 아버지께서 행하시는 그것을 아들도 그와 같이 행하느니라"(요 5:19)고 대답하셨다. 그리스도인으로서 우리 역시 하나님의 자녀이며, 하나님 아버지는 우리의 힘의 근원이 되신다. 우리가 하나님과 그분의 말씀에 의지하지 않는 경우에는 다른 문화에 성육화될 때 죄를 범하게 될 것이다.

그러므로 우리들 모두에게 있어서 성육화되는 과정은 현재의 우리의 모습보다 더 나은 모습이 되는 것을 포함한다. 실제적인 의미로 그것은 또 다른 변화(conversion)이다. 우리가 처음으로 예수께서 그리스도이시며 인간의 피와 육체를 가지신 하나님의 아들이시고, 십자가에 못박히셨을 뿐 아니라 부활하셨다는 사실을 믿었을 때, 우리는 우리의 삶 속에서 새로운 탄생을 경험했다. 그리스도의 영이 오셔서 우리 안에 거하셨으며, 우리는 우리의 전인격과 삶이 재통합되는 것을 경험했다. 우리의 원래의 모습이나 과거의 삶을 잃지 않았으며, 단지 우리 안에 계신 그리스도의 영 때문에 하나님과 주위 사람들과의 새로운 관계를 맺게 되었다.

"초문화적 회심"(cross-cultural conversion)에서 우리에게 첫번째이자 가장 중요한 단계는, 문화가 단지 일상생활과 인간관계를 위한 환경이며, 세상에는 수많은 환경이 있어서, 그 모두가 다 그것들을 공유하는 사람들에게 타당하며 유용하다는 것을 인식하는 것이다. 이 사실을 파악한 후에는 이런 신념 가운데 행동을 해야 하는 어려운 단계를 취해야 한다. 우리는 여태까지 살아 왔던 환경에 계속 매달리는 것을 유보하고, 생소한 문화적 환경에 들어가서 그 새로운 문화를 우리의 생활과 사역을 위한 틀로 이용하여야 한다. 그렇게 함으로써 우리는 우리의 삶 속에서 재통합을 경험할 것이다. 그러나 이전에 갖고 있던 신분이나 개인적인 문화, 혹은 개인의 과거를 잃지는 않을 것이다. 우리의 사고에서 나타나는 이와 같은 중요한 변화 때문에 우리는 전혀 다른 가치관과 생활방식을 갖고 있는 사람들과 관계를 맺을 수 있다.

이 책의 목적은 그리스도의 성육신이 선교와 기타 기독교 사역을 위한 모델이 된다는 것을 보여 주는 것이었다. 우리는 그분이 완전한 하나님이자 완전한 사람이셨으며, 아이로 세상에 오셔서 1세기의 유대문화와 생활방식에서 성장하셨다는 것을 보았다. 우리는 예수를 유대문화의 세계에서 완전한 하나님이자 완전한 인간인 200퍼센트 사람이라고 특징지었다. 우리는 유대인 사이에서의 예수의 사역이 그들의 문화를 반영하며 그 문화와 조화를 이루었다는 사실을 보여주는 많은 성경구절들을 검토해 보았다. 우리는 또한 그분의 본을 따르라는 예수의 명령도 보았다.

부활의 복된 소식을 세상에 전하라는 예수의 명령에 순종하기 원한다면, 우리는 기꺼이 150퍼센트의 사람이 되려고 해야 한다. 우리는 다른 사람들의 가치, 우선순위를 받아들여야 한다. 우리는 그들이 살고 있는 환경에서 통용되는 상이한 규정과 규칙들을 배워야 한다. 우리는 그들이 일하고 놀고 예배하는 방식과 절차를 채택해야 한다. 우리는 그들 문화에 성육화되어 그들을 우리 가족과 친구로 만들어야 한다.

참고 도서

Baken. Paul. 1971. The Eyes Have It. *Psychology Today* 4:64-67.

Brown, Raymond Edward, ed. 1970. *The Gospel According to John.* Anchor Bible. Garden City, N.Y. : Doubleday.

Cohen, Rosalie A. 1969. Conceptual Styles, Culture Conflict and Nonverbal Test of Intelligence. *American Anthropologist* 71:828-55.

Conn, Harvie M. 1984. *Eternal Word and Changing Worlds: Theology, Anthropology and Mission in Trialogue.* Grand Rapids : Zondervan.

Hall, Edward T. 1973. *The Silent Language.* Garden City, N.Y. : Doubleday.

___. 1976. *Beyond Culture.* Garden City, N.Y. : Doubleday.

Kraft, Charles H. 1983. *Communication Theory for Christian Witness.* Nashville : Abingdon.

McConnell, William T. 1983. *The Gift of Time.* Downers Grove, Ill. : InterVarsity.

McFee, Malcolm. 1968. The 150% Man: A Product of Blackfeet Acculturation. *American Anthropologist* 70:1096-1107.

Mayers, Marvin K. 1974. *Christianity Confronts Culture.* Grand Rapids : Zondervan.

___. 1982. Basic Values. Biola University, La Mirada, Calif.

Miller, J. V. 1983. The Time of the Crucifixion. *Journal of the Evangelical Theological Society* 26(2):157-66.

Paredes, Anthony J., and Marcus J. Hepburn. 1976. The Split Brain and the Culture-and-Cognition Paradox. *Current Anthropology* 17:121-27.

옮긴이 소개

왕태종
서울대 정치학과 대학원 졸업
(주)이랜드 교육부 부서장 역임
역서로 「성공 직장 신앙」(죠이선교회 역간)이 있다.

문화적 갈등과 사역

초판 발행	1989년 1월 20일
2판 14쇄	2024년 7월 25일
지은이	셔우드 링엔펠터, 마빈 메이어스
옮긴이	왕태종
발행인	손창남
발행처	(주)죠이북스(등록 2022. 12. 27. 제2022-000070호)
주소	02576 서울시 동대문구 왕산로19바길 33, 1층
전화	(02) 925-0451(대표 전화)
	(02) 929-3655(영업팀)
팩스	(02) 923-3016
인쇄소	(주)주손디엠피
판권소유	ⓒ(주)죠이북스
ISBN	979-11-93507-26-1 03230

책값은 뒤표지에 있습니다.
잘못된 도서는 교환하여 드립니다.
이 책 내용을 허락 없이 옮겨 사용할 수 없습니다.